용기를 가지고 도전 하라

끝까지 인내 하라

지그 지글러 외 7인공저 , 김 주 영

지성문화사

인생의 승리자가 되자

당신은 지금까지 이 세상을 사는 동안에 이것 저것 경험이 늘어나면서 자신이 이루어야 할 목표가 쉽게 도달할 수 없는 곳에 있다는 사실을 알게 되었을 것이다. 또한 인생이란 그 자체가 치열한 생존 전쟁임도 깨달았을 터이다.

인생에 있어서의 성공은 우리에게 많은 즐거움과 행복을 가져다 준다. 그러나 그 성공이 그렇게 쉽게 얻을 수 있는 것이 아닌 데에 우리들의 고민이 있다. 설혹 작은 성공하나를 이루었다고 하여도 또 다시 새로운 도전이 기다리고 있는 것이다.

성취는 결코 쉽지 않다. 성공의 길은 핑크색 아스팔트가 아니다. 그 길은 희생과 역경으로 가득찬 가시밭길이다. 그러나 반면에 그 보수는 크다는 것을 알기 때문에 많은 사람들이 어려움을 알면서도 성공을 향해 도전장을 던지고 있는 것이다.

만약 당신이 이와 같이 장애와 위험이 가득찬 길에 뛰어들 수 없다면 당신은 그저 보통사람으로 살거나 아니면 승리한 자들에게 짓밟히며 그들의 그늘에서 비참한 인생을 보내게 될 것이다.

인생에서 승리한 자, 성공한 자만이 자신의 자존심을 지키며 아름다운 삶을 살게 되는 것이다.

이 책은 이와 같이 쉽게 이룰 수 없는 성공을 향해 도전장을 던진 당신을 위하여 기획되고 만들어진 것이다. 또한 실패의 그늘에 있거나 삶의 좌표가 없이 떠도는 사람들을 위하여 제작된 책이다.

수많은 자기개발서가 시중 서점에서 판매되고 있지만 이 책의 특징은 세계에서도 유명한 7인의 성공철학자들이 자신 있게 주장하는 전공 분야만 선별하여 각 단계별로 정리하여 엮어 놓았다 는 점이다. 예를 들면, 대인관계에 대한 강의는 처세술의 제 일인자인 데일 카네기가 맡고 신념에 대한 부분은 신념 철학의 명인인 로버트 H. 슐러가 열강을 하고 있는 것 등이다. 그 만큼 책의 내용에 충실하려고 노력하였다.

따라서 당신은 성공을 위하여 특별히 우왕좌왕 할 필요가 없다. 다만 이 책에서 석학들이 주장하고 안내하는 대로 충실히 따르기만 하면 되는 것이다. 성공은 무조건 노력하는 것만으로도 이루어지지 않는다. 부와 성공과 행복을 얻기 위해서는 인간에게 내재한 창조적인 성공 에너지를 이해하고 개발하며 응용할 줄 아는 지혜를 터득해야 한다.

당신의 꿈을 당신의 성공으로 이루어 줄 「성공의 원리」를 터득하여 그 원리대로 움직여야 한다.

당신이 여행을 떠난다고 가정 하였을 때 제일 먼저 **필요한 것이** 무엇이겠는가? 물론 여러 가지가 있겠지만 무엇보다도 우선 **여행** 에 관한 정보와 지도, 여행일정표 등이 필요할 것이다.

그래야만 효과적으로 여행을 즐길 수 있는 것이다. **정보를 알지** 못하고 떠나는 여행은 위험하다. 마찬가지로 당신의 운명이 걸린 훌륭한 「성공여행」을 떠나기 위해서는 자세하게 **성공여행 정보** 가 담긴 여행일정표가 반드시 필요한 것이다.

다행히 이 책이 그러한 당신의 욕구에 부응할 만한 좋은 **가이드** 가 될것이라고 믿는다. 이 책을 통하여 성공의 원리를 **이해하고 실** 천, 노력하여 성공하길 바란다.

인생은 연습이 아니다. 지나간 시간은 돌이킬 수 **없다. 그렇기 때** 문에 우리 모두 성공해야 한다. 승리해야 한다.

승리와 성공은 당신의 일생에서 당신의 일을 통하여 **획득하게** 되는 생의 실적이며 보람이다.

영원히 빛나는 당신의 훈장인 것이다.

목 차

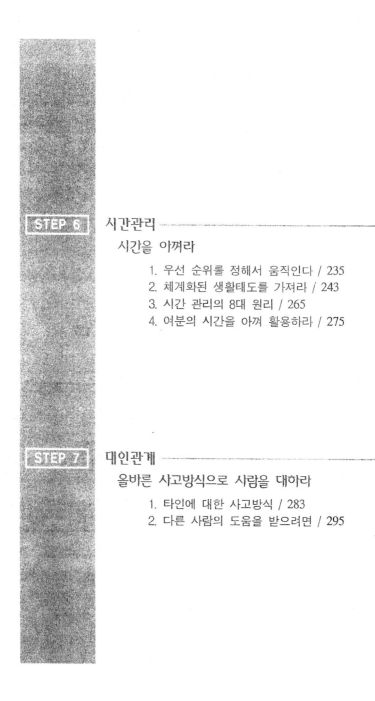

STEP

1

원대한 꿈과 확고한 목표를 가져라

목 · 표 · 설 · 정

어떤 목표도 갖지 못하고 계획을 세우지 못한 사람들이 있다. 그들은 바로 목적지가 없이 항해하는 배와 같은 사람이다.

지그 지글러

꿈

당신을 성공으로 이끄는 제 1단계는
꿈을 갖는 일이다.
꿈은 성공의 원동력이며 인류발전의
모태이다.

1. 꿈을 실현시키는 비결

성공의 두가지 기준
성공으로 가는 길

독자에게 드리는 질문

당신의 성공관은 어떤 것인가? 성공을 어떻게 생각하며, 무엇을 성공으로 보는가.

성공에 대한 정의는 사람들의 수만큼이나 많으며, 해석하기에 따라서 얼마든지 달라질 수 있다. 성공관(成功觀)이 먼저 확립된 후에야 목표를 세울 수 있으며, 계획도 수립할 수 있는 것이다. 당신에게 성공이란 무엇인가?

■ 성공의 두가지 기준

성공에 대한 생각은 사람에 따라 다르다.

그러나 일반적으로는 사람이 세상을 살아가는데 있어서 각자가 갖고 있는 꿈과 바램을 이룩하는 일이 성공이라고 말할 수 있다.

성공에는 다음의 두가지 기준이 있다. 첫째는 다른 사람이 당신을 성공자로 생각하느냐 하는 것이고 둘째는 당신 자신 스스로가 그렇게 생각하고 있느냐 하는 것이다. 세상 사람들이 모두 당신을 보고 성공한 사람이라고 인정을 한다고 하여도 당신 스스로가 자신을 성공했다고 생각하지 않으면 그 성공은 아무 소용이 없는 것이다.

노벨 문학상 수상자인 윌리암 포크너는 이렇게 말했다.

「나는 방랑자로 태어나서 아무것도 갖지 않았을 때가 가장 행복했다. 나는 그때 큰 주머니가 달린 방수 외투복만을 입고 다녔다. 그리고 그 주머니에 한 켤레의 양말과 셰익스피어의 작품 한 권, 한 병의 위스키가 있었다. 그래도 그 때가 나는 행복했다. 그 무엇도 원치 않았고 어떤 책임도 지지 않았다.」

■ 성공으로 가는 길

성공을 위해서는 다음과 같은 점에 유의해야 한다.

첫째, 꿈을 가져야 한다.

꿈이 없으면 희망도 없고 성공도 없다. 따라서 꿈과 목표를 먼저 결정해야 한다.

둘째, 목표가 설정된 후에는 구체적 실천 계획이 있어야 한다.

셋째, 성공을 하려는 데에는 반드시 장애가 생기기 마련이다. 목표에 방해가 되는 장애물을 밝혀내어 그 장애 요인들을 극복할 수 있는 방법을 찾아내야 한다.

넷째, 신념과 열정을 가져야 한다.

'꿈은 반드시 이루어 질 것이다.'라는 신념을 갖고 열정을 불태우며 전진해야 한다.

다섯째, 실패를 두려워 해서는 안된다.

'실패는 성공의 어머니'라는 말이 있다.

모든 성공의 이면에는 실패와 좌절이라는 과정이 있게 마련이다. 따라서 어려운 상황이 닥치더라도 자포자기하지 말고 적극적이며 끈기 있게 밀고 나가는 용기와 지혜가 필요하다.

여섯째, 자기 최면과 잠재 의식을 활용하라

명상을 통한 자기 최면과 '나는 반드시 해내고야 말 것이다.'라는 확신을 잠재 의식에 불어넣어 주어라.

일곱째, 최선의 노력을 다하라.

성공을 위해서는 최선의 노력이 필요하다. 감나무 밑에 가서 감나무를 흔들어야 감이 떨어지는 법이다.

목표

신을 믿기 위해서는 신이 있어야 한다.
성공하기 위해서는 먼저 목표를 세워야
한다.

F.M.도스토예프스키

2. 목표는 반드시 필요하다.

인생의 목표는 반드시 필요하다
목표를 세우지 못한 이유
목표 없이는 노력도 헛된 일이다
목표의 의미

독자에게 드리는 질문

당신이 이 세상을 살아가는 목적은 무엇인가?

당신은 무엇을 위해서, 왜 사는가?

당신의 장기적인 목표는 무엇인가? 그리고 단기적인 목표는?

그 목표를 위해 오늘 당신은 무엇을 했는가?

올해의 목표는 무엇이며, 이 달의 당신 개인적 목표 중 가장 중요한 것은 무엇인가?

당신의 목적을 강화시켜 줄 수 있는 사람을 갖고 있는가?

▓ 인생의 목표는 반드시 필요하다

목표가 없는 사람은 날개가 없는 매와 같다. 목표가 없는 자는 떠돌아다니는 것이지 전진하는 것은 아니다. 그런 사람은 절망과 실패와 좌절을 면치 못할 것이다.

미국의 양로원에서 살고 있는 노인들의 사망률은 생일과 공휴일 전날에는 비교적 낮다고 한다. 대부분의 노인들은 크리스마스나 생일 등을 위해서 목표를 세운다. 그 날을 멋있게 보내기 위한 설계를 짠다. 그러나 그러한 기념일이 지나고 나면, 즉 정한 목표가 달성되고 나면 삶의 의지가 약화되어 사망률이 급증한다.

인생에서 가치 있는 목표가 있다면 인생은 어느 정도 연장될 수 있다. 따라서 인생의 목표는 무엇보다도 중요한 것이다.

그러나 대부분의 사람들은 확실한 목표를 가지고 있지 않다. 그래서 그들은 방랑자의 위치에서 인생을 낭비하고 있는 것이다. 프랑스의 유명한 곤충학자 쟝 알리 파브르가 어느 날벌레에 관해서 연구하다가 매우 귀중한 것을 발견했다.

파브르가 바라보고 있었던 이 날벌레들은 우매하게도 그들 앞에 있는 자들만 따라 다닌다. 앞서가는 날벌레를 따라서 나머지 날벌레들이 빙빙 돈다. 7일 동안이나 밤낮으로 그러다가 결국 기아상태에서 질식해 떨어져 죽는다. 가까운 곳에 풍부하게 먹을 것이 있지만 그들은 배가 고파서 죽게 된다. 왜냐하면 그들은 방향 없이 무턱대고 행동하기 때문이다. 사람들도 마찬가지다. 이와 같은 실수를 범해서는 안되는 것이다.

▓ 목표를 세우지 못한 이유

대부분의 사람들이 목표를 가지고 있다고 보는가? 필자의 생각은 그렇지 않다.

길가는 청년 백 명을 붙들고 「당신은 지금 실패의 길을 가고 있다고 생각하지 않소?」 하고 물으면, 그들은 펄쩍 뛰면서 이렇게 대답할 것이다. 「내가 실패의 길을 가다니. 나는 지금 성공하기 위해서 열심히 일하고 있습니다.」 그러나 대부분의 사람들은 인생의 확고한 목표가 없다. 그래서 그들은 인생을 낭비하고 있는 것이다. 사람이 인생을 실패하는 것은 기회가 부족하거나 능력이 부족해서가 아니다. 주위에는 항상 기회가 있다. 실패한 인생들은 거의가 계획을 세우지 않았기 때문이다. 목표가 없으므로 계획도 세울 수가 없다. 그런데 그들은 무엇 때문에 목표나 계획을 세우지 않는 것일까? 그것은 목표에 도달하지 못할까 두렵기 때문이다. 목표달성을 하지 못할까봐 겁이 나서 목표를 설정하지 않는 것이다.

아무런 계획도 세우지 않으면 아무런 실패도 하지 않을 것처럼 보인다. 그러나 이것은 잘못된 사고방식이다. 따지고 보면 세상에 실패 없이 성공한 사람은 하나도 없기 때문이다.

그들은 종이 위에 그들의 목표를 작성해 보지도 않은 것이다. 배는 항구 안에 있을 때 훨씬 더 안전하다. 그러나 배는 항구에 있기 위해서 만들어진 것은 아니다.

당신이 세상에 태어난 것은 목적이 있는 것이고, 그 이유 때문에 당신은 존재하고 있다고 나는 확신한다.

▩ 목표 없이는 노력도 헛된 일이다

재미있는 이야기를 하나 소개 하고자 한다.

어느 날 농구대회가 개최되어 챔피언십을 걸고 결승전을 벌이게 되었다. 그런데 이 시합에 참가할 한 팀의 선수들이 약물 복용을 한 것이다. 약은 물론 흥분제이다. 약물을 복용한 선수들은 기분이 좋았다. 선수 대기실에서 코치는 선수들에게 훈시를 했다.

「이번이 마지막 기회이다. 이번에 이기지 못하면 다시는 기회가 없다는 것을 알아야 한다. 승패는 바로 오늘 저녁에 결정된다. 각자 최선을 다하기 바란다.」

코치는 작전계획이나 작전 지시도 하지 않고 잘 하라고만 했다. 그들의 사기는 충천되어 있었다. 그런데 그들이 코트장에 들어섰을 때, 약 효과가 떨어졌다. 그러자 그들 눈에는 골대가 제대로 보이지 않았다. 공을 던질 골대가 움직이는 것처럼 보여서 득점을 할 수 없게 된 것이다. 그들은 골대도 없이 어떻게 골을 넣느냐고 코치에게 화를 냈다. 그들은 자기들이 던진 공이 바로 들어갔는지, 잘못 들어갔는지 조차 알지 못했다. 시합에 이기는 방법도 모르게 되었고, 자신들의 목표가 어디에 있는지 조차 분간하지 못하게 되었다. 그들이 시합에서 패배한 것은 두 말할 필요도 없었다.

당신은 목표 없이 생존 경쟁에 참여하고 있지는 않은가? 만일 그렇다면 성공할 수 있다고 생각하는가? 인생은 산책이 아니라 행진이라는 사실을 명심해야 한다.

그리고 행진의 목표를 뚜렷하게 세워 놓아야 한다.

목표의 의미

사전에 보면 목표는 목적 혹은 목적지로 나와 있다. 그것은 계획을 말한다. 그것은 당신이 하기를 기대하는 것이다.

당신이 학생이든, 회사원이든, 목표를 가져야만 바라는 소원을 성취할 수가 있다.

「목표를 가진 사원(社員)을 보여준다면, 나는 당신에게 회사를 창립한 사장을 보여주겠다. 그러나 목표가 없는 사원을 보여준다면, 나는 당신에게 영원한 말단 사원을 보여주겠다.」

J.C페니의 말이다.

당신이 무엇을 하는 사람이든, 어디에 살고 있든 목표를 가져야 한다.

당신에게 산을 옮길만한 힘이 있다고 가정하자. 뚜렷한 목표를 가지고 있지 않으면 그 힘은 나쁜 일에 사용되어 당신을 영원한 죄인으로 만들 것이다. 그러나 확고한 목표를 가지고 있다면 당신은 그 힘을 이용하여 보다 더 큰 일을 성취할 수가 있을 것이다.

세계의 최고봉인 에베레스트 산맥을 역사상 제일 먼저 정복한 영국의 에드먼드 힐레리 경은 자기가 에베레스트 꼭대기에 오르겠다는 목표를 정하고 등산을 시작했는데, 어느 날 자기는 산꼭대기에 올라 있는 자신을 발견했다고 말했다. 정확한 목표 없이는 당신은 어떤 것도 성취할 수가 없을 것이다.

원래 지상에는 길이 없다.
걷는 사람이 많아지게 되면
그것이 길이 된다.

노신

3. 목표의 종류

삶을 변화시키는 목표와 계획
가정의 목표는 곧 삶의 목표
구체적인 계획을 세워라
의미 있는 목표와 계획이란?
다섯 가지의 목표를 가져라
단계적인 계획을 세워라
가장 적절한 방법을 택하라
아이디어와 일에 대한 열정을 가져라

독자에게 드리는 질문

당신에게는 어떤 목표가 있는가? 당신 가정의 목표는 무엇인가?
당신에게는 몇 가지 목표가 있는가?

이 달의 개인적인 목표는 무엇인가?

이 달의 직업적 목표 중 하나는 무엇인가?

올해의 목표는 무엇이며 어느 정도 달성되었는가?

건강계획은 세웠는가?

저축계획을 세웠는가?

삶을 변화시키는 목표와 계획

목표는 당신이 성취하고자 하는 목적이다. 계획은 그 목적을 달성하기 위한 구체적인 방법이다. 목표와 계획은 모두 당신의 마음속에 들어 있는 것이다.

주위를 한번 살펴 보라. 그 모든 것은 그것이 자연의 일부가 아니라면 어떤 이의 마음속의 생각에서부터 비롯된 것이다.

우리가 사용하는 타자기는 18세기의 헨리 밀이라고 하는 영국인의 아이디어에서 나온 것이며, 당신이 지금 읽고 있는 책 역시 마음속에 있는 한 아이디어로부터 시작된 것이다.

당신이 입고 있는 옷, 당신의 집이나 아파트, 그리고 일상생활에 필요한 생활용품등 모든 것들은 누군가의 생각에서 비롯된 것이다. 그리고 그 생각한 것들을 설계하고 만들며, 또 파는 일이 또 다른 이들의 목표로 정해진다. 모든 눈에 보이는 대상은 사람들의 마음속에 있는 목표와 계획 또는 아이디어에서 시작되었다. 실제로 그 뜻을 이해하고 받아들인다면 당신은 생각하지 못한 커다란 힘을 발휘하게 될 것이다. 우리는 행동가를 존경하면서도 그들이 모두 생각이 깊었던 사람들이라는 사실을 깨닫지 못하고 있다. 어떤 사물을 제대로 보지 못하므로 인간의 마음속에서 구체화 된 목표와 계획에 대해서도 관심이 없는 것이다.

우리의 교육제도는 학생들에게 목표를 세우고, 그 목표를 달성하기 위해 현실적인 계획을 세우는 것을 가르치는 일에 소홀히 하고 있다.

학교에서조차 그와 같이 중요한 부분을 다루지 않고 있는 것이다. 집에서도 마찬가지이다. 자녀교육에 관심이 많은 부모들도 자녀들에게 목표와 계획을 세우는 일에 조언을 해주고 이끌어 주는 부모는 찾아보기 힘들다. 부모 자신들이 그런 교육을 받아본 적이 없기 때문이다. 목표를 세우고 계획을 짜는 일은 많은 사람들의 마음속에서 벌어지고 있다. 특히 인생의 모든 면에서 「어떻게 성공할 것인가」를 배우는 일보다 더 중요한 것은 없다. 이런 생각은 하나의 생활방식이 되어야 한다.

▨ 가정의 목표는 곧 삶의 목표

목표와 계획을 강조하면, 사람들은 흔히 기업계에서의 성공이나 과학 분야에서 성공만을 생각한다.

43세의 한 사업가는 젊어서 오로지 사업에 성공하겠다는 목표를 세우고 그 목표를 향해서 줄곧 달려왔다. 그는 이제 40대에 큰 기업을 이끄는 총수가 되었다. 그런데 그의 가정에 문제가 생겼다. 아내와의 관계가 사업으로 인해 점차 멀어지게 된 것이다. 마침내 그의 아내는 그에게 이혼을 요구하기에 이르렀다. 오로지 「사업 목표」만 생각하고 가정은 소홀히 하는 남편을 도저히 이해할 수 없었던 것이다.

대부분의 사람들은 목표와 계획이 없다. 아주 불행한 일이다. 그러나 그렇게 놀랄 필요는 없다. 왜냐 하면 목표나 계획은 우리 가운데서 소홀해 질 수 있는 것이기도 하기 때문이다.

■ 구체적인 계획을 세워라

많은 사람들이 매일, 매주, 매월 쉬지 않고 일한다.
목표 역시 아주 모호하고 수동적이어서 제대로 그 기능을 다하지
못한다. 예컨대 목표가 물질적인 것에 한정되는 경우이다.

그들은 새로운 사업, 새로운 상품만을 목표로 세우곤 한다. 물론
그러한 목표를 달성하기 위해서는 돈이 필요하다.

여기에서 당신이 분명히 알아야 할 것이 있다. 그것은 물질적인
그 목적을 달성하는데 필요한 돈을 어떻게 얻느냐에 대한 계획이다.

또 어떤 사람은 목표는 있으면서도 잠재 의식 속에서 애매 모호
한 것으로 끝나곤 한다. 그들은 도저히 불가능한 목표를 세운다. 그
예로 한 사람을 소개하겠다.

L씨는 45세까지 직장에 다니다가 46세 때 은퇴하겠다는 계획을
가지고 있었다. 그러나 은퇴한 후에 무엇을 하겠다는 목표도, 계획
도 없었다.

46세의 은퇴, 물론 그것이 그의 목표였다. 그렇지만 그 목표는 남
은 생애와의 연관성을 갖지 못했던 것이다. 만약 그의 목표대로 되
었다면 그는 그것이 막연히 이루어졌다는 것을 깨닫게 될 것이다.
그 목표는 비현실적이므로 완전한 것이 될 수가 없다.

▦ 의미 있는 목표와 계획이란?

이제 의미 있는 목표개발과 그 목표를 분명히 하는, 또한 그 목표를 달성하기 위해 구체적인 계획을 세우는 방법에 대해서 생각해보자.

첫째, 목표는 당신의 직장이 그 대상이 될 수 있다.

당신은 마음속에 여러 가지 목표를 세울 수 있다. 돈을 벌겠다든지, 새 아파트를 장만하겠다든지 하는 것 등이 목표가 될 수 있다. 아무튼 그 모든 목표를 성취할 수 있도록 도와주는 곳은 바로 당신의 직장이라는 점을 잊으면 안 된다.

둘째, 목표는 당신의 결혼생활이 될 수도 있다. 그렇다면 아마도 당신의 장래에 생길지도 모를 이혼을 예방할 수도 있으며 부부간의 관계를 더욱 깊게 할 수도 있다.

당신이 미혼이라면 행복하고 지속적인 관계를 유지할 수 있는 대상을 선택하여 결혼해야겠다는 목표를 세울 수도 있다.

대부분의 사람들이 그들의 남은 생애를 멋지게 보낼 사람을 어떻게 만날 것인가 보다 새 차를 선택하는데 더 많은 시간과 관심을 쏟고 있다. 안타까운 일이다.

마지막으로 목표의 대상은 친구가 될 수도 있다. 친구 이상으로 성공하기를 바라는 것이다. 오늘날 우정은 이기적이고 피상적으로 되기 쉽다. 당신은 진실한 친구 관계를 원하고 있는가?

다섯 가지의 목표를 가져라

이와 같이 목표의 대상은 여러 가지이다. 일을 통해 당신은 새로운 목표를 가지기를 원한다. 당신은 마음속에 어떤 목표를 가지고 있는가? 새로운 아이디어를 가지고 있는가?

목표는 진지하게 여유를 가지고 생각해야 한다. 시간이 없다면 출퇴근 시간을 활용하는 것이 좋다. 가정생활과 사회생활을 더욱 풍요롭게 하는 목표를 세워라.

그리고 매일 자신의 존재 가치를 생각하라. 삶의 여러 가지 면을 고려하여 어떻게 발전시켜나가야 행복한 생활을 영위할 수 있는가를 생각하라. 이때 당신의 생각은 창의적이 되어야 한다. 누군가의 모방에서 벗어나 당신만의 꿈을 가져야 한다.

이러한 가운데서 당신은 하루나 이틀 아니면 좀더 짧은 기간에 구체적인 계획을 세우게 될 것이다. 자 이제는 당신의 그 생각을 구체적인 행동으로 옮겨야 하는 아주 중요한 단계이다.

모든 편견에서 벗어날 수 있도록 단 30분이라도 시간을 내어라. 그리고 당신이 해왔던 예전의 목표와 그 새로운 목표와의 조화를 위해서 몇 분의 시간을 허용하라. 그 목표에 당신이 생각 할 수 있는 모든 것을 포함시켜라. 이 때는 당신의 아이디어가 현실적이라든지 비현실적이라든지 그런 생각은 금물이다. 그리고 그 목표를 메모해 보라. 그런 다음 주의 깊게 검토해 보고 다섯가지 정도의 목표를 선택하라.

▨ 단계적인 계획을 세워라

다음 단계는 이 다섯 가지 목표에 어떻게 도달할 것인가. 그 방법을 결정하는 것이다. 대부분의 사람들이 여기서 포기한다. 그 이유는 지나치게 큰 계획을 원했기 때문이다. 그들은 「자동 학습기」의 교훈을 배우지 못한 사람들이다.

자동 학습기는 처음에 아주 쉬운 질문으로 시작하도록 만들어져 있으며, 그 문제를 충분히 알기 전까지는 다음 문제로 넘어가지 않는다. 그리고 마지막에는 아주 까다로운 문제로 구성되어 있는데 이것은 학생들이 쉽게 이해하며 의혹을 가질 수 있도록 하기 위함이다.

자동학습기의 지도 방식을 당신에게 적용하라. 우선 당신의 목표를 글로 쓰라. 그리고 목표를 여러 단계로 분리시켜서 아주 쉬운 단계로부터 차근차근 해나가는 것이다.

목표를 향해 가는데 있어서 어떤 사람들은 종종 스스로 무력해지는 경우가 있다. 만약 당신에게 약간의 진보는 있지만, 거기서 멈추어야 한다면 목표를 다시 한번 살펴보아야 한다. 그것이 얼마나 중요한가를 생각해 보고 그 목표를 버리거나 더 적합한 목표로 바꾸어라. 그리고 그 목표를 성취할만한 새로운 마음가짐으로 다시 시작하면 된다.

처음에는 다섯 가지의 목표를 선택했다. 그때 당신의 잠재 의식이 각 단계의 계획을 실행해 나가는데 도움이 되도록 해야 한다. 당신이 당면한 그 문제에 의식적인 마음과 무의식이 함께 작용하게 되면서 창의성은 최대한 활동하게 될 것이다.

가장 적절한 방법을 택하라

이제 각 단계의 계획을 어떻게 유용하게 활용할 수 있는가에 대해서 알아보자.

세 개 혹은 다섯 개의 카드 위에 다섯 가지 목표를 간단히 써 넣어라. 그리고 그 목표로 가는 각 단계를 간단히 적는다. 카드 중에 하나는 매일 보게 되는 거울에 붙여라. 두 번째 카드는 주머니나 지갑에 넣고 다녀라. 이렇게 함으로써 당신은 매일 의식적으로나 무의식적으로 각 단계를 마음속에 새기게 될 것이다.

지나치게 조바심을 갖거나 서두르지 말라. 목표 달성을 위한 「가장 적절한 방법」에 따르라.

근무 시간 중에도 의식적으로 목표와 그 실행 방법을 생각하라. 당신의 무의식의 마음까지도 활동하게 될 것이다. 그렇게 함으로써 당신의 무의식은 점심을 먹거나 테니스를 칠 때와 같은 예기치 않은 때 능력을 발휘할 수도 있다. 언제든지 가능한 떠오르는 모든 생각을 적어 두어라.

아이디어와 일에 대한 열정을 가져라

지금까지 주로 실제적이고 도달 가능한 목표에 관해 이야기해 왔다. 만약 장기적인 목표, 예를 들면 의사가 되고자 하는 경우, 그 목표에 도달하기 위해 구체적인 단계를 세울 필요가 있다.

물론 목표가 현실적이고 실제적이어야 하는 것은 두 말할 필요도 없다.

먼저 아이디어와 일에 대한 열정을 가지겠다고 결심해야 한다. 그리고 목표에 전념하기 전에 그에 대한 전문적인 평가를 받아보는 것도 도움이 된다.

어떤 목표는 현실적인 것이 될 수 있다. 새로운 과학적 발견으로 인해 당신 회사 내에 새로운 생산부가 조직될 가능성도 있다. 이때 당신의 실제적인 목표는 전 회사를 대상으로 하기보다는 그 생산부로 제한해야 되는 것이다.

당신의 목표나 계획을 변경할 수 없는 즉 그것을 대리석에 새겨도 좋을 만큼 고정적인 것이라고 생각하면 안 된다. 목표와 계획은 모두 변할 수 있는 것이다. 만약 자의든 타의든 변경시켜야 할 경우, 결코 실패한 것이 아니다.

목표는 이상이다. 따라서 주위의 여건은 당신의 꿈을 더 낮추려 할 것이다. 그래서 당신의 계획 중 25%만을 달성할지도 모른다. 그러나 만약 당신이 그 목표를 세우지 않았다면 그 25%조차 얻지 못했을 것이라는 사실을 기억해야 한다.

어떤 목표는 여러 가지 어려움이 따르지만 그래도 계속 시도하고 싶을 것이다. 그러나 그 목표가 더 이상 현실적인 것이 아닐 경우, 당신은 다른 목표를 선택해야 한다.

목표가 완전한 기준이 되어서는 안 된다. 100%의 기준을 고집하면 자칫 당신은 실패자가 되기 쉽다.

야구 선수의 평균 타율을 생각해 보라. 30%의 타율로도 그들은 훌륭한 타자가 되고 있다. 당신의 목표에도 그와 같은 정도의 여유를 가져야 한다. 당신의 목표에 100%를 고집하지 말라. 완전하다면 인간이 아닐 것이다.

지금까지 나는 많은 것들을 얘기했다. 만약 그 모두를 실행한다면 당신은 보통 사람들 보다 빨리 성공을 하게 될 것이다.

4. 목표가 될 수 있는 조건들

목표가 될 수 있는 조건
목표설정은 이렇게 하라
체계적인 사람이 되라
미래에 대한 준비

독자에게 드리는 질문

당신의 목표에는 어떤 특징이 있는가?

당신의 목표는 크고 원대한가? 그리고 실현 가능한 것인가? 당신의 목표는 단기적인 것과 장기적인 것이 있는가? 당신의 목표는 매일 매일의 목표도 있는가? 또한 구체적인 것인가? 당신의 목표는 현실적이고 타당한 것인가? 구름을 잡듯 막연하고 추상적인 것은 아닌가?

목표는 반드시 있어야 한다. 그러나 그 목표에는 다음과 같은 조건이 반드시 성립되어야 달성할 수가 있는 것이다.

목표가 될 수 있는 조건

목표에는 다음과 같은 조건이 갖추어져야 목표라고 할 수 있다.

첫째, 목표는 커야 한다.

당신이 목표를 설정할 때에는 크게 설정해야 된다.

목표가 커야 효과적으로 그것을 성취할 수가 있을 것이다. 목표가 크면 기대도 크고, 기대가 큰 사람은 일도 남보다 많이 하게 될 것이기 때문이다.

예를 들어서 스포츠에서 강한 경쟁자와 싸우게 되는 운동 선수가 보통 경쟁자를 맞이하여 싸울 때보다 더 강하게 싸우게 된다. 골프 선수, 권투 선수, 육상 선수, 복싱 선수 등도 마찬가지다. 따라서 목표는 커야한다.

당신이 조그마한 성공으로 만족하지 않고 꾸준히 최선을 다하여 당신의 커다란 목표에 도달했다는 것을 알았을 때, 이것은 매우 당신을 고무시키고 자극시키는 것이다.

당신은 인생을 보다 더 크게 볼 필요가 있고 당신의 목표를 크게 가질 필요가 있다.

「작은 계획은 세우지 말라. 그것은 사람의 마음을 자극시키지 못한다.」

옛날의 어느 현자(賢者)가 한 말이다. 그렇다. 목표는 크게 설정해야만 한다.

당신이 학생이든, 직장에 다니든, 샐러리맨이든, 세일즈맨이든 관계없이 당신은 목표를 크게 세워야 한다.

목표를 크게 세워야만 발전적으로 변화될 것이다.

「성공이란 목표를 향해 나갈 때 생기는 장애물들을 어떻게 극복하느냐에 따라 좌우한다.」

「많이 요구하는 사람에게 많이 준다.」는 말은 목표를 정하는 일에 주는 하나의 교훈이 되기도 한다.

둘째, 목표는 장기적인 것이어야 한다.

장기 목표가 없다면 당신은 단기 목표에 압도당할 우려가 있다. 이유는 간단하다.

만일 당신에게 장기 목표가 없다면 일시적인 장애물쯤은 짜증스럽게 느껴질 것이다. 가족 문제나 불행한 주위 환경으로 실망하거나 괴로움을 겪을 것이다.

그러나 장기적인 목표가 있으면 이런 일시적인 장애물이나 사소한 문제들은 얼마든지 극복될 수 있다.

역경을 극복하고 나면 그것이 당신을 넘어지게 하는 돌이 아니라 당신의 성공의 길에 디딤돌이 된다는 사실을 깨닫게 될 것이기 때문이다.

장기 목표가 있으면 모든 해답을 다 알고 시작하지 않고 일하면서 해답을 추구한다.

장기 목표를 세울 때에, 일하기도 전에 모든 장애물을 다 제거하겠다는 어리석은 생각을 해서는 안 된다. 그것은 무익한 것이기 때문이다.

아무리 계획을 잘 세운다고 할지라도 일을 하다가 보면 예기치 않았던 차질이 생긴다. 그럴 때에는 즉시 융통성을 발휘해서 당신의 계획을 약간 수정하면 된다.

셋째, 매일 매일의 목표가 있어야 한다.

매일 매일에 대한 목표가 없다면, 그는 공상가라고 볼 수밖에 없다. 목표를 달성하려면 매일매일 그것을 위해서 일을 해야만 되기 때문이다.

「위대한 사람이 될 수 있는 기회는 나이아가라 폭포처럼 오는 것이 아니라 한 방울씩 떨어지는 물방울처럼 온다.」

찰리 큐렌의 말이다.

꾸준히 확실히 일하면 대성할 수 있다는 말이다. 매일의 성취나 업적이 모이면 오히려 나중에는 매우 큰 것이 된다는 사실을 우리는 알 수 있다.

큰 목표를 일정한 기한 안에 달성하려면 매일 노력해야 한다. 역도 선수는 목표를 달성하려면 매일매일 연습해야 된다는 것을 잘 알고 있다.

당신이 매일의 목표를 달성한다면, 곧 장기적인 목표가 하나씩 둘씩 달성되는 것을 알 수 있게 될 것이다.

넷째, 목표는 구체적인 것이어야 한다.

구체적인 목표가 없는 사람은 어떤 일을 해도 성공할 수 없으며, 아무 가치 있는 업적도 남길 수 없다. 구체적인 목표가 없는 사람은 어떤 일을 해도 제대로 해낼 수가 없다.

구체적인 목표란 「나는 많은 돈을 벌 것이다.」 라는 식의 막연한 계획이 아니라, 「나는 돈 얼마를 언제까지 벌겠다.」 는 식의 구체적인 계획을 말한다. 「나는 좋은 집, 좋은 직장을 가질 것」 이라는 식의 말도 구체적인 목표는 아니다. 따라서 목표는 항상 ㄱ세적인 것이 되어야 한다.

다음으로 목표에 다음과 같은 요인이 포함되어서는 곤란하다.

첫째, 행운만 바라고 성취의 주인공이 당신이라는 사실을 인정하지 않는다면 그것은 잘못 설정된 목표이다.

둘째로, 실현 가능성이 없는 것이라면 당신이 성공할 수 없음은 두말할 나위도 없다.

셋째는, 그 목표가 당신이 관심이 없는 것이거나 남을 즐겁게 하기 위한 것이라면, 당신의 인생이 실패할 것임에 틀림없다.

무엇보다도 너무 크거나 실현가능성이 없는 목표를 설정해서는 안 된다. 사람들이 크고 실현성이 없는 목표를 세우는 것은 실패했을 때 변명하기 위한 한 방법이기도 하다. 이런 경우는 실패를 위해서 준비하는 것이다. 그리고 누가 보아도 불가능하게 보이는 일이기 때문에 실패해도 다른 사람들이 이해해 주기를 바라는 것이다.

행운만 기대하고 목표를 설정하는 것도 잘못이다. 행운보다는 노력이 중요하다. 성공한 사람들의 특징은 뚜렷한 목표를 향해서 자기의 실력을 최대로 발휘한다는 것이다. 그들은 헌신과 노력의 중요성을 알았다. 당신도 성공을 원한다면 목표를 세우고 그것을 향해서 꾸준히 나아가야 한다.

목표 설정은 이렇게 하라

목표를 설정하기에 앞서 먼저 당신의 위치를 알아야 한다. 자기 자신이 처한 위치와 처지를 분명히 깨닫지 못 한 채 목표를 설정하면, 그 목표는 실현 불가능한 것이거나 허망한 꿈에 지나지 않을 것이다. 당신이 처한 현실과 위치를 분명히 안다는 것이 선결과제이다.

다음으로는 당신의 능력을 알아야 한다. 능력을 아는 일을 이해하기 위해 당신이 세일즈맨이라고 가정하고 설명해 보자.

먼저 당신의 실적을 기록해 본다. 적어도 30일 동안의 당신 생활을 스스로 기록해 보는 것이다. 그러면 당신의 능력을 알 수 있을 것이다.

정확한 기록을 남기려면 다음의 몇 가지 사실을 알아야 한다.

첫째, 아침에 일어나는 시간과 잠자는 시간, 직장에 출근하는 시간을 정확히 알아야 한다.

둘째, 점심시간, 커피 타임, 개인적인 전화 방문, 그밖에 사적인 일로 소비하는 시간을 알아야 한다.

셋째, 약속한 방문, 서비스 방문, 고객과의 대화시간, 그리고 판매액을 높이기 위해 소비하는 시간 등을 정확히 알아야 한다.

이러한 부분에 대해서 정확하게 기록해야 한다. 일단 이런 자세가 확립되면 개선은 쉽다.

당신은 이런 자세가 확립되어 있는가? 이것이 바로 자기를 아는 가장 확실한 방법이다. 또한 목표를 설정하기 위한 필수적인 조건이기도 하다.

첫째 당신은 사회적인 목표, 경제적인 목표 그리고 가족에 관한 목표를 가져야 한다.

이런 목표를 달성하려면 어떻게 해야 할까?

목표 달성을 하려면 우선 메모지에 원하는 목표를 상세히 기록해야 한다. 구체적으로 언제까지 무엇을 이루겠다는 내용을 기록할 수 있어야 한다.

둘째로, 당신은 중요 순서대로 목표에 대하여 순번을 정해서 그것을 적어나가야 한다. 물론 여러 가지 목표를 동시에 달성하려고 노력하는 일도 있을 수 있을 것이다.

예를 들어서 당신은 세일즈 지도자가 되는 것이 목표이며 동시에 골프 챔피언이 되는 것이 목표일 수도 있다. 당신의 목표가 무엇이든 간에 중요한 순서대로 목표를 달성하는 것이 중요하다는 사실을 명심해야 한다.

그 다음에는 그 목표를 달성하는데 있을 수 있는 장애물을 리스트에 적어야 한다. 만일 목표와 당신 사이에 장애물이 없다면 이미 그 목표는 달성한 것이나 다름없다.

장애물을 작성한 다음에는 그것들을 극복할 수 있는 계획을 세워야 한다. 그리고 시간들을 작성해야 한다. 훌륭한 경영인은 문제가 무엇인가를 알게 되면, 이미 그 문제는 절반쯤 해결한 것과 마찬가지라고 생각한다.

▨ 미래에 대한 준비

한 아기의 어머니가 될 젊은 여성이 나에게 이런 질문을 해왔다.
『목표 설정은 어떻게 하면 됩니까?』
그때 나는 이렇게 대답했다.
『우선 어머니는 큰 목표를 가져야 합니다.』

어머니의 목표 중의 하나는 복잡한 사회 속에서 자립할 수 있도록 아이를 잘 가르치는 일이다. 아이를 인간답게 키우는 것은 큰 목표임에 틀림없다. 어머니의 장기 목표란 자녀가 사회에 꼭 필요한 사람으로 성장할 수 있도록 교육시키는 것이다. 또한 어머니는 자녀들을 정신적으로, 육체적으로 건강한 사람이 되도록 가르치는 것이 목표이다.

어머니의 목표 중의 하나는 자녀가 자수성가할 수 있도록 가르치는 것이다. 자녀를 훌륭한 한 인격체로 키우는 것은 큰 목표이며, 그러기 위해서 매일 정신적으로 자립할 수 있도록 훈계하고 타이르며 가르치는 매일의 목표가 포함되어야 할 것이다.

사람은 누구나 오늘의 목표 달성을 위해서 최선을 다하면서 내일에 대한 준비를 해야 한다.

미래를 생각하라. 미래 속에 당신의 남은 인생을 생각해 보라. 오늘의 성취는 그곳으로 가는 디딤돌이라는 사실을 명심하고 최선을 다하라. 일단 당신이 정상으로 가는 계단을 확실히 디디고 올라간다면 분명히 정상에 오르게 될 것이다.

5. 목표는 어떻게 달성되는가?

인간의 자동시스템
장애물은 반드시 존재한다
목표달성을 위한 연습
목표만 바라보라
실천하라

독자에게 드리는 질문

당신은 이제 목표에 대해서 확신이 섰을 것이다. 당신의 현재 위치를 파악하기 위해서 일과를 상세히, 구체적으로 기록하고 있는가? 목표는 세워놓았는가? 목표 달성 도중에 생길 장애물들을 메모해 두었는가? 당신은 목표가 이미 달성되었다고 믿고 일하는가?

세워 놓은 목표가 잘 달성될 수 있는지 아직도 모르고 있지는 않은가?

당신의 목표는 허황된 것이 아닌가? 아니면 당신으로서는 도저히 불가능한 것을 목표로 세우지는 않았는지?

인간의 자동시스템

목표 달성은 인생에서 참으로 가치 있는 것이며, 자기 성취의 표현이다.

인간의 기본적인 행동 시스템은 설계 단계에서부터 목표 추구형으로 만들어져 있다. 인간의 이러한 기본적인 부분은 마치 자동 유도 미사일과 그것을 움직이게 하는 자동조정장치와 비슷하다.

목표를 정하면 이러한 기본적인 시스템이 항상 스스로에게 반문하거나 목표와 관계되는 여건변화를 만들어 낸다.

목표가 애매 모호하거나 적당히 계획을 세운다거나 또는 현실과 너무나 거리가 먼 목표를 세우면, 이 인간시스템도 그 자체가 소모되어 버리든지 목표를 찾아 헤매다가 자동적으로 소멸하게 된다.

장애물은 반드시 존재한다

그런데 목표 달성을 위해서 나아가는 과정에 반갑지 않은 장애물이 있어 달성을 방해한다. 사람들은 대부분 장애물을 만나면 그만 포기하는 경향이 있다. 포기하게 되면 자동시스템도 움직이지 않게 된다. 그리고는 그는 다른 사람의 영향력을 받게 되거나 그의 노예가 되어 자신의 인생을 살지 못하게 된다. 그리하여 가장 적극적인 사람이 가장 소극적인 사람으로 변하고 만다.

이러한 사람들은 성공보다는 실패를 강조하는 바보들의 말에 귀를 기울이게 되고, 마침내 실패자의 기질을 갖게 된다.

실패자의 기질을 가진 사람은 「나는 할 수 없다」는 말을 어떤 일을 해보지도 않고 입버릇처럼 외치는 것이다.

당신이 진정으로 목표를 달성하길 원한다면 이런 부정적인 생각을 버리고, 마음의 문을 열고 현실을 직시해야 한다. 사물을 과대평가하지도 말고, 과소평가하지도 말라.

▒ 목표 달성을 위한 연습

목표 달성을 위해서는 꾸준한 연습이 필요하다. 그것을 설명하기 위해서 하나의 예를 들겠다.

네스미드 소령은 주말마다 골프를 치러 다녔다. 그의 실력은 90타 정도였다. 그러나 그 후 7년 동안 그는 골프를 칠 수 없었다. 그럼에도 불구하고 그가 다시 골프채를 잡았을 때는 74타를 기록하였다. 그의 신체적 조건은 7년 전보다 훨씬 못하였다. 그는 그 7년 동안 높이가 4.5피트이며, 길이는 5피트 정도의 조그마한 우리 속에서 보냈었다. 그는 월남전에 참전했다가 월맹군에게 포로가 되어 부자유한 몸으로 7년 동안 갇히어 있었던 것이다.

그는 포로로 구금되어 있던 기간 중 3분의 2에 해당되는 5년 동안 좁은 울안에서 홀로 지냈었다. 처음에는 그곳에서 탈출할 일만 생각했었다. 그러나 그는 만약 미치지 않고 살아 있으려면 어떤 뚜렷한 적극적인 태도를 취해야 되겠다는 것을 깨닫게 되었다. 그래서 그는 평소 좋아하던 골프놀이를 하기로 했다. 오직 상상만으로 그는 매일 전체 18홀을 완전히 마쳤다. 그는 마지막 미세한 세부적인 것까지도 했다.

7년 동안 그는 하루도 빠짐없이 골프의 18홀을 완전히 해냈다. 한번도 타(打)를 실수해 본 일이 없었다. 그는 한번도 컵 속에 공을 넣지 못한 적도 없다. 그야말로 완벽하게 해냈다. 정신적인 골프 연습 과정에서 소령은 매일 4시간씩을 소비했다. 그리하여 그는 정신적으로 정상상태를 유지할 수 있었다.

그는 골프 연습으로 많은 것을 얻을 수 있었다. 그는 실제 목표 달성을 이루기 전에 마음속으로 목표 달성을 연습했던 것이다.

만약 당신이 봉급 인상을 원하거나, 더 좋은 점수를 바라거나, 또는 그밖에 무엇을 원하거든 매일 몇 분 동안 그 목표가 달성되는 과정을 생각해 보라. 그러면 실제로 그 목표가 달성되는 것을 볼 수 있을 것이다.

이러한 정신적인 연습은 당신이 하는 일이 무엇이든, 당신의 목표를 달성하는데 매우 중요한 효과를 나타낸다.

농구 선수가 연습으로 공을 던져 보는 것, 젊은 의학도가 의학 수업 때 시체를 가지고 수련 받는 것, 판매원이 훈련과정에서 표현력을 연습하는 것 등이 목표 달성을 위한 연습이다. 어떤 분야에서든지 이러한 연습은 실제로 긴장할 때 더 좋은 결과로 이끌어 간다.

또 한 가지 중요한 사실은, 목표가 달성되는 것은 시간문제라고 믿는 것이다. 당신이 어떤 분야에서, 무엇을 목표로 세웠든지, 그 목표가 곧 달성되는 것이라고 믿고 시작해야 한다.

더 좋은 직장을 구할 때도, 더 많은 돈을 벌려고 할 때에도, 목표가 달성되기 전에 목표가 달성되는 것은 시간문제라고 믿는 것이, 무엇보다도 중요하다.

▨ 목표만 바라보라

신약성서에 보면, 베드로는 물위를 걷다가 바람을 보고는 그만 물에 빠졌다. 그는 자기 목표인 예수 그리스도를 떠나 바람을 보았기 때문에 그런 일을 당했던 것이다.

세계적으로 유명한 왕년의 권투 선수 알리는 「만약 내가 이 시합에 진다면」 이라는 말을 하지 않았다고 한다. 그는 「만약」 이라는 말을 절대로 사용하지 않는다. 그 대신 그는 「다음에는…이란 의미심장한 말을 했다. 그는 목표 달성은 시간문제라는 자신감을 가지고 시합에 들어갔기 때문에 세계의 유명한 선수들을 눕히고 정상에 오를 수 있었던 것이다.

당신도 목표를 세운 다음에는 다른 것에 눈을 돌리지 말고 오로지 목표만 바라보아야 한다. 당신이 적극적으로 그 목표가 달성되었다고 믿으면, 목표 달성은 쉬운 것이다. 목표를 계속 주시하고 추적한다면, 그 목표는 쉽게 성취된다.

▦ 실천하라

어느 젊은 선원이 처음으로 배를 타고 항해를 하게 되었다. 항해 도중에 북대서양에서 폭풍을 만나게 되었다. 그는 돛대 위에 올라가서 항해를 조종하라는 명령을 받았다. 그는 돛대 위에 올라가서 밑을 보는 순간 파도에 그만 겁을 먹었다. 젊은 선원은 공포에 질려 균형을 잃고 당황하였다. 그때 밑에 있던 고참 선원이 그를 향해 소리쳤다.

「위를 보란 말이야! 위를!」

젊은 선원은 그의 말을 듣고 위를 보았다. 그리고 그는 균형을 찾을 수 있었다.

일이 안 되는 이유만 찾지 말고 일을 해낼 수 있는 방법을 찾아내라. 그러면 목표는 모든 장애물에도 불구하고 쉽게 달성할 수 있을 것이다.

목표물은 작은 카드에 기록하라. 잘 알아 볼 수 있도록 기록 해야한다. 그리고 그것을 항상 휴대하고 다니면서 매일 꺼내어 보라.

그러나 무엇보다도 중요한 것은 행동이다. 행동가가 되어야 한다. 목표를 설정하고도 행동하지 않으면, 당신의 목표는 이루어지지 않는다. 가만히 앉아 있지 말고 행동하라.

STEP
2

신념은 기적을 낳는다

신념과 자부심

흔들리지 않는 신념. 그것이 우리의 사고(思考)를 「힘」으로 전화시킨다. 신념은 한계를 극복하고 자신있게 도전하는 사람으로 바꾸어 놓을 것이다.

로버트 H. 슐러

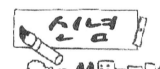

신념은 자기를 지키는 절대 신이며
온갖 행복의 근원이다.

오웬펠덤

1. 신념의 마력

성공은 자존심을 일으킨다
신앙은 태산을 움직인다
신념은 힘을 가중시킨다
신념이 성공을 가져다준다
의심을 품으면 실패한다
콩 심은 데 콩 난다
패배를 부정하라
신념의 힘을 발휘하는 방법

독자에게 드리는 질문

당신은 이제 삶의 목표를 세웠을 것이다. 또 장기계획과 단기계획도 세웠을 것이다. 이제 당신에게 문제가 되는 것은 무엇인가? 그런 목표와 계획을 어떻게 달성하느냐가 문제일 것이다. 그렇다면 당신에게 가장 필요한 것은 무엇이라고 생각하는가?

그것은 바로 신념이다. 당신은 반드시 그 목표를 달성하고야 말겠다는 신념이 필요하다. 당신의 인생은 반드시 성공적이라고 자신 있게 말할 수 있는 신념이 당신에게 무엇보다도 필요하다. 그 신념을 갖기 위해서 어떻게 해야 하나?

▓ 성공은 자존심을 일으킨다

성공이란 훌륭한 모든 것을 의미한다.

성공은 사람들로부터 칭찬을 받는 것, 사람들을 지도하는 입장에서 있는 것, 일이나 사회생활에 있어서 사람들에게 존경의 대상이되는 것을 의미한다.

성공은 괴로움, 두려움, 욕구불만, 실패 등으로부터의 자유를 의미한다. 당신의 성공은 당신의 자존심을 높여주고, 당신에게 끊임없이 보다 많은 행복과 만족을 가져다 줄 것이다.

성공은 승리를 뜻한다.

인간은 누구나 성공하기를 바라고 있다. 누구나 이 세상이 줄 수있는 최선의 것을 입수하기를 바라고 있다.

남에게 뒤떨어진 생활을 하고 싶은 사람은 아무도 없다. 그러기때문에 모두 성공을 바란다.

자기는 삼류에 속하는 사람이라 어쩔 수 없이 세상을 살고 있다고 생각하는 것은 누구에게나 비참하고 자존심 상하는 일이다.

▓ 신앙은 태산을 움직인다

성공을 가져다 주는 가장 실제적인 지혜의 몇 가지는 「신앙은 태산을 움직일 수 있다」라고하는 성서의 구절 속에서 찾을 수 있다.「산아 저리 가거라」고 외치는 것만으로는 산을 움직일 수 없다.그런 일은 도저히 불가능하다

바라는 것만으로 산을 움직일 수 없는 것은 사실이다.

그러나, 신앙의 힘으로는 산을 움직일 수 있다. 당신이 나는 성
공할 수 있다라고 굳게 믿음으로써 성공을 쟁취할 수 있다.
신념의 기적이 현실로 나타나는 것이다.

▨ 신념은 힘을 가중시킨다

신념의 힘에는 마술적인 것도 신비적인 것도 있을 수 있다.

신념은 다음과 같이 작용한다. 즉 신념은 그것을 하는 데 필요한
힘, 기술, 에너지를 제공해 준다. 「나는 그것을 할 수 있다」라고
믿으면, 그 방법이 저절로 나온다.

세계 각국에서 날마다 수많은 젊은이들이 새로운 직업에 잔출하
고 있다. 그들은 누구나 어느날 엔가 성공하여 정상의 자리에 앉기
를 바라고 있으나 이들 젊은이들의 대부분은 정상에 이르는 데 필
요한 신념을 갖추고 있지 못하다.

그러므로 쉽게 정상에 도달할 수 없다. 그런 높은 곳에는 오를
수 없다고 믿고 있기 때문에 그들은 위대한 정상으로 오르는 길을
발견 할 수 없다.

그들의 태도는 여전히 「보통사람」 그것이다.

하지만 이들 젊은이들 중에서 몇몇은 자기는 성공할 수 있다고
실제로 믿고 있다.

그들은 「자기는 지금 정상에 올라가고 있다」, 「나는 반드시 성
공한다」 라는 신념을 갖고 그들은 노력한다.

■ 신념이 성공을 가져다 준다

오늘날의 우주탐험에 있어서 기본적인 요소는, 우주는 지배할 수 있다는 신념이다. 우주를 여행할 수 있다는 확고부동한 신념이 없었다면 과학자들은 그것을 진행할 용기도, 흥미도, 열의도 갖지 않았을 것이다.

암을 치료할 수 있다는 신념이 궁극적으로는 암의 치료법을 발견할 것이다.

성공한 모든 사업의 배후에는 성공에 대한 신념이 존재하고 있다. 성공에 대한 신념은 성공한 사람들의 내부에 있는 기본적인 성분이다.

당신이 성공할 수 있다고 믿는다면, 진심으로 그것을 믿는다면 당신은 그렇게 될 것이다.

■ 의심을 품으면 실패한다.

나는 오랜 세월에 걸쳐 사업 등 여러 가지 일에 실패한 많은 사람들과 이야기를 나누어 왔다. 그리고 많은 실패의 원인이나 구실을 들어보았는데 그들에게 공통되는 것은 다음과 같은 말이었다.

「주위 사람들이 많은 조언을 하지만 나는 그것이 도움이 된다고 믿지 않았다.」

「해보기는 하겠지만 잘 되지 않을 것 같았다.」

이와 같은 태도는 실패를 낳을 뿐이다.

믿지 않는다는 것은 부정적인 힘이다. 당신이 믿지 않거나 의심하고 있을 때에는 마음은 불신의 「원인」을 만들어 낸다.

의심과 불신 그리고 실패할 것이다라고 하는 잠재의식은 실패의 원인이 된다. 그러니 의심을 품으면 실패하게 되는 것이다.

▨ 콩 심은 데 콩 난다

신념은 당신이 인생에서 이룩하는 모든 것을 조절하는 자동온도 조절기와 같은 것이다.

훌륭한 일을 하지 못하는 평범한 사람들을 관찰해 보라. 그러한 사람들은 자기는 별로 가치가 없다고 믿고 있는 까닭에 인생으로 부터 하찮은 것밖에 받아들이지 못하고 있다.

그는 자기는 큰 일을 할 수 없다고 믿고 있기 때문에 그것을 할 수 없다. 그는 자기는 중요하다고 믿고 있지 않기 때문에 그가 하는 일은 모두가 신통치 않다는 낙인이 찍히고 만다.

세월이 흐름에 따라 자기에 대한 신념의 결여는 그 말씨, 걸음걸이, 행위에도 나타난다. 자기의 자동온도조절장치를 상향 조절하지 않는 한, 이와 같은 사람은 점점 더 위축되어 이윽고 자기를 과소 평가하게 되어 버린다.

당신이 끝없이 전진하기 위해서는 당신은 가치가 있다고 믿고 있어야 한다. 그리고 많은 것을 받아들여야 한다. 또 당신은 큰 일을 할 수 있다고 믿어야 한다. 그래야 당신의 계획을 이루게 된다.

당신은 성공할 수 있다는 신념을 가지고 정직하고 성실하게 성공을 향해 공격을 개시해야 한다.

▓ 패배를 부정하라

당신의 마음은 「사고(思考)의 공장」이다. 그 마음의 공장에서는 하루 종일 끊임없이 여러 가지 생각을 만든다.

사고의 공장에 있어서의 생산은 두 사람의 책임자에 의하여 관리되고 있다.

가령 그 중 한사람을 미스터 승리라고 부르고, 또 한 사람은 미스터 패배라고 부르기로 하자.

미스터 승리는 적극적인 생산을 관장한다. 어떠한 일에 대해 나는 어째서 자격이 있는가? 나는 왜 그 일에 적합한가의 원인을 밝히는데 전념하고 있다.

또 한사람의 책임자인 미스터 패배는 소극적이고 사물을 무가치하게 하는 생각을 관장한다. 그래서 그는 왜 나는 할 수 없는가? 왜 나는 약한가? 왜 나는 부적당한가 하는 부정적인 까닭을 발견하는 일에 전념한다.

그의 전문 사고방식은 「왜 너는 실패하는가?」라는 분야이다.

미스터 승리나 미스터 패배, 둘 다 순종적이다. 그들은 조금만 신호를 해도 곧 반응한다. 만일 그 신호가 적극적이면 미스터 승리가 한발 앞서서 작용하기 시작한다. 반대로 소극적인 신호는 미스터 패배가 앞장선다.

이 두 책임자가 자신을 위해 어떤 식으로 작용하는가를 살펴보기 위해 실례를 들어 보자.

당신 자신에게 「오늘은 좋지 못한 날이다.」라고 말해 보라. 그러면 그것이 미스터 패배에게 즉시 행동하라고 신호하여 당신 자신이 말하는 것이 올바른가를 증명하도록 몇 가지 사실을 내보인다. 그는 오늘은 너무 덥다든지, 너무 춥다든지, 일이 잘 되어 가지 않을 것이라든지, 병이 날것 이 라든지를 암시한다.

미스터 패배는 유능해서 눈 깜짝할 사이에 당신을 자기 마음대로 해버린다. 당신이 아차 하고 깨달을 겨를도 없이 당신의 주위는 지옥과 같은 좋지 못한 날이 되고 만다.

반대로 「오늘은 무척 좋은 날이다.」 라고 당신 자신에게 말해보라. 미스터 승리가 즉시 행동을 개시하려고 당신 앞으로 나온다. 그는 당신에게 알릴 것이다.

「오늘은 멋진 날이다. 날씨도 좋고 생기발랄하다. 오늘은 틀림없이 일이 잘 되어 갈 거다.」

그러면 그 날은 좋은 날이 된다.

미스터 패배는 당신에게 실패할 것이라고 납득시키려고 하는데 반해, 미스터 승리는 왜 당신이 성공할 수 있는지를 실제로 증명하려고 한다.

그뿐 아니라 이 두 책임자 중 어느 한 쪽을 보다 많이 작용시키면 시킬수록 그는 점점 더 강력하게 된다.

만일 미스터 패배를 보다 더 부추기게 되면, 그는 마음 속에서 보다 많은 영역을 차지하게 된다.

그리고 결국은 생각을 낳는 모든 부분이 그에 의하여 점령당하게 되며, 모든 생각은 소극적으로 되어 버린다.

이에 대항하는 하나의 현명한 방법은 미스터 패배를 쫓아내 버리는 것이다.

「필요없다. 할수없다. 실패한다.」 이와 같은 말만 떠들고 다니는 자는 한시바삐 추방해 버려야 한다.

당신은 어떠한 장소에서도 미스터 승리를 활용해야 한다. 어떠한 생각이 되었든 간에 미스터 승리에게 출진(出陣)을 부탁해야 한다. 그러면 그는 어떻게 하면 성공할 수 있는가를 보여줄 것이다.

바로 여기에 성공으로서의 첫째 스텝이 있다. 그것은 승리를 향한 스텝이다. 이것을 통과하지 않고는 앞으로 나아갈 수는 없다.

첫째 스텝은 다음과 같다. 당신 자신을 믿어라. 당신 자신이 성공한다는 것을 믿어라.

■ 신념의 힘을 발휘하는 방법

다음에 제시한 것은 신념의 힘을 몸에 익히고 적극성을 강화하는데 필요한 방법이다.

첫째, 성공만을 생각한다.

일을 하고 있을 때든, 집에 있을 때든, 실패를 생각하지 말고 성공을 생각하라.

곤란한 처지에 직면했을 때에도 「바보짓을 할지도 모른다」고 생각하지 말고 「이길 수 있다」라고 생각하라.

기회가 찾아오면 「할 수 없다」라고 생각하지 말고 「나라면 그것을 할 수 있다」라고 생각하라.「나는 성공한다」는 기본적 사고방식으로 일관해야 한다.

둘째, 당신 스스로를 찬양하라.

성공한 사람이 결코 수퍼맨은 아니다. 성공은 초능력을 필요로 하는 것도 아니며, 신비로운 것도 아니다.

성공한 사람들이란 자기 자신과 자기가 하는 일에 신념을 가진 평범한 사람에 불과하다. 그렇다. 결코 당신 자신을 값싸게 팔아서는 안 된다.

세 번째, 크게 믿어라.

당신의 성공의 크기는 당신의 신념의 크기에 비례한다. 당신이 작은 목표를 생각하면 작은 성공밖에 기대할 수 없다. 큰 목표를 계획하면 큰 성공이 이루어진다.

당신이 하는 일은 반드시 성공한다는 신념부터 가지고 시작하라.

흔들리지 않는 신념, 그것은 우리의 사고를 「힘」으로 전환시킨다. 그리고 그것은 한계를 극복하고 자신 있게 도전하는 사람으로 바꾸어 놓을 것이다.

신념의 근본은 인내이다.

G. 맥도널드

2. 자신감을 가지고 도전하라

신념은 개발할 수 있다
신념이 있으면 불행도 극복한다
신념은 생각하는 힘을 준다
신념은 이렇게 키워라
자신감을 갖게 해 주는 다섯 가지 공식
신념은 패배를 물리친다
신념은 기적을 만든다

독자에게 드리는 질문

당신은 바로 지금의 당신을 받아들이고 있는가?
자신을 사랑한다고 말할 수 있는가?
다른 사람이 되고 싶지는 않은가?
비난을 어떻게 처리하는가?
당신은 이기적인 행동을 할 때 죄의식을 느끼는가?
다른 사람이 당신을 칭찬할 때 편안한가?
정당한 긍지심을 가지고 자신과 대화를 하고 있는가?
당신은 실패할 운명이라고 체념하지 않았는가?

▨ 신념은 개발할 수 있다

신념은 마음을 만드는 연금술사(錬金術師)이다. 신념이 사고(思考)와 결합했을때 가물가물 하던 정신이 일깨워지고 정신적 가치가 생기며 무한한 지성이 생겨난다.

신념과 사랑과 섹스의 충동은 모든 적극적인 감정 중에서도 가장 강력하다. 이 세 가지가 혼연일체가 될때 곧 잠재의식을 일깨울 만한 힘찬 생각이 일어나고 그로 말미암아 정신적 가치가 생기며 그것이 무한히 교감(交感)할때 오직 하나의 형태를 만들게 된다.

그러면 여기서 자기 암시의 법칙이 사람의 욕망을 육체적 또는 물질적, 금전적 가치로 전환시키는데 대단히 중요하다는 것을 알기 쉽게 설명할 필요가 있을 것 같다. 즉 신념이란 자기 암시에 의하여 잠재의식 속에 거듭 일깨워지고 가르침을 받아 일어나는 정신 상태이다.

다시 말하면, 당신의 잠재의식에다 「이렇게 해야 된다」라고 거듭 명령하고 확인해 가는 것이 신념을 자발적으로 발전시키는 유일한 방법이다. 그 뜻은 인간이 이따금 범하는 범죄의 방법을 설명한다면 더욱 뚜렷해질 것이다.

어떤 유명한 범죄학자는 「최초로 인간이 죄를 저질렀을 때는 매우 불안하게 생각하고 그로부터 벗어나려고 애쓰지만 자주 범죄를 저질러 익숙해지면 그다지 고통스럽지 않게 된다. 그리고 그 기간이 더 길어지면 완전히 범죄에 젖어버려 죄의식조차 없어져 버린다.」고 말하였다.

이것은 인간의 사고에 대한 충동이 쉴새 없이 잠재의식에 작용하면 잠재의식은 뚜렷한 형태로 되며 인간의 자산으로 되어버린다는 것과 마찬가지이다.

앞서 말한 범죄학자는 「사람의 생각은 신념과 결합되며, 그것은 곧 그 사람 자체가 갖고 있는 장점과 단점이 되는 것이다.」 라고도 하였다.

신념과 사랑과 성에 대한 충동의 감정이 인간의 생각과 융합이 되면 그것은 상상을 초월한 커다란 힘이 된다.

▨ 신념이 있으면 불행도 극복한다.

앞에서 설명한 것을 통해서 당신은 잠재의식이라는 것이 생각에 의하여 인간의 자산을 좌우하는 것임을 알았을 것이다. 이것이 인간이 체험하고 있는 「행운」 이나 「불행」 이라고 하는 기묘한 현상을 일으키는 것이다.

자기는 날 때부터 가난하다든지 실패자가 되도록 운명지어졌다든지, 이런 별자리를 타고 태어난 것은 이미 어찌할 수 없는 숙명적인 것이라고 얼마나 많은 사람들이 체념하고 있는가? 이러한 사람들은 부정적이고 소극적인 신념으로 끊임없이 잠재의식을 자극하여 자기 자신을 불행으로 몰아넣는 결과가 되는 것이다.

나는 자기 암시에 의하여 자신의 잠재의식을 좋은 방향으로 분발시키고자 하는 일에 방해되는 것은 아무 것도 없다는 것을 말하고 싶다.

당신이 부정적으로 「나는 글렀다. 비운의 별자리를 타고 태어났다」 고 하는 따위의 잠재의식을 품고 있을 경우, 그것을 기만하는 방법도 필요하다. 기만이라는 말에 당신이 오해하지 않기 바란다. 「나는 글렀다. 실패자의 운명으로 태어났다」 라고 하는 부정적인 생각을 품고 있을 경우, 당신은 우선 당신이 요구하고 있는 것을 이미 획득하였다는 기분으로 당신 자신을 일깨울 필요가 있다. 그러한 생각을 하게 되면 당신의 잠재의식도 바꾸어질 것이다.

당신의 잠재의식이 변하면 실제로 유용한 방법도 나타날 것이고, 당신의 행동을 명령할 신념, 또 당신의 욕망을 실행으로 옮길 자신감이 몸에 배이게 된다.

당신에게 가장 중대한 일은 당신의 적극적인 감정을 불러 일으켜서 「해 봐도 소용없다」는 따위의 허약하고 부정적인 감정을 깨끗이 없애버려야 한다는 점이다.

적극적인 마음은 신념이 자리 잡기 가장 좋은 장소이다. 당신의 마음속에 신념이 있으면 행동할 수 있는 잠재의식도 풍부해 질 것이다.

신념은 생각하는 힘을 준다.

오랜 세월동안 신부나 목사, 승려들은 인간에게 신앙을 갖도록 하기 위해 싸움을 해왔다. 그것을 위해서 교리(敎理)와 교조도 사용되었다.

그러나 오늘날까지 인간에게 어떻게 해야 신념을 갖게 할 수 있는지 설명한 예는 하나도 없다. 신념은 자기 암시에 의해서 생겨난다는 것을 아무도 모르고 있기 때문이다.

당신은 신념이란 무한한 것임을 믿어라. 우선 신념이란 당신에게 생명과 힘과 생각하는 충동을 주는 「영원한 양약」임을 기억해야 한다.

신념은 성공의 출발점이다.

신념은 모든 기적과 모든 신비의 바탕이다.

신념은 실패자를 살리는 유일한 구제자이다. 신념은 무한한 지성과 상통하는 유일한 매체이다.

신념은 인간의 한정된 정신이 만들어 내는 생각을 뒤흔들고, 정신적 자산으로 전환시키는 요인이다.

신념은 인간이 무한하고 광대한 지성을 발휘할 수 있는 유일한 매체이다.

신념은 이렇게 키워라

자기 암시는 마술이다. 그러면 여기서 먼저 자기 암시가 무엇이며, 또 무엇을 할 수 있을 까를 중심으로 생각해 보자.

당신이 어떤 일을 되풀이하면 그것이 정말로 이루어진다는 것은 알고 있을 것이다. 거짓말도 몇 번이고 자꾸 되풀이하는 사람은 거짓이 진실이라고 생각해 버린다. 당신의 마음을 차지하고 있는 그 생각이 당신을 지배하고 만다. 당신 마음속 깊은 곳에서 생각하고 있는 것이 감정과 결부되면 당신의 행동의 모든 것을 지배하는 기동력이 된다.

그러면 당신이 아주 중요한 진리를 깨달을 단계가 되었다. 즉 어떤 감정이건 그것이 당신의 생각과 융합되면 그 밖의 생각을 전부 끌어 당겨버리는 자석과 같은 힘이 생긴다는 것이다.

신념은 한 알의 종자에 비유할 수 있다. 비옥한 토지에 그 종자를 뿌리면 싹이 나고 성장하여 꽃이 피고 열매를 맺어 그 종자를 수 없이 많이 만든다.

당신의 마음 속에는 지배하려는 생각과 동화(同化)하려고 끊임없이 움직이는 것이 있다. 즉 당신의 마음 속에는 아이디어라든가 계획이라든가 목적 등 여러 가지 생각이 있지만 감정과 신념이 모든 계획이나 아이디어를 동화시켜 하나의 생각으로 통일해 버린다. 그리하여 한 가지 생각만이 당신의 마음속에 있는 전부를 지배하게 된다.

그러면 여기서 최초의 출발점으로 돌아가자. 아이디어, 계획, 목표 등을 결정하는 종자는 생각을 거듭해 가는 사이에 생기는 것을 알게 된다.

당신의 목표를 문장으로 적어 소리 높게 읽어라. 그것이 결국 당신의 잠재의식을 일깨워 현실적인 것으로 만드는 방법임을 알게 될 것이다.

당신이 어떤 역경에 처해 있건 이 방법으로 역경을 떨쳐 버리고 창조적인 생활을 할 수 있을 것이다. 당신 자신의 최대의 결함은 「자신이 없다」는 것이다. 자기 암시의 원리를 간결한 문장으로 만들어 그것을 되풀이 하여 외어 나간다면, 당신의 잠재력은 커다란 일을 해 나가는 최대의 무기가 될 것이다.

▣ 자신감을 갖게 해 주는 다섯 가지 공식

당신은 다음에 제시한 문장을 계속 암기하라.

첫째, 나는 인생의 최대 목표를 달성할 능력이 있다. 그러므로 나는 인내하며 끈기 있게 목표가 달성될 때까지 달라붙어야 한다. 나는 약속한다. 절대로 중도에 내던져 버리지 않고 목표를 관철할 것을 맹세한다.

둘째, 나는 나의 마음을 지배하고 있는 생각이 멀지 않아 실제로 움직여 행동할 것을 믿고 있다. 그러므로 나는 매일 30분씩 정신을 통일하여 내 자신이 바라고 있는 인간상을 생각하겠다. 그렇게 하여 뚜렷한 영상을 마음속에 새겨둔다.

셋째, 나는 자기 암시의 원리를 통하여 내가 마음속으로 그리고 있던 목표가 어떤 일을 하면 달성될지를 알 수 있게 되었다. 그래서 나는 10분간씩 자신을 붙이도록 집중적으로 시도해 본다.

넷째, 나는 나의 인생의 주요 목표를 문장으로 명확히 쓰기 시작했다. 그 목표를 달성시키는 데 필요로 하는 자신을 몸에 배게 할 때까지 결코 중도에 체념하지 않겠다.

다섯째, 진리와 정의에 의한 것이 아니면 어떤 부나 지위도 오래가지 못한다는 것을 잘 알고 있다. 그러므로 나의 큰 목표 달성에 도움이 되지 않는 작은 이익이나 부당한 이익에 욕심을 내지 않겠다.

나는 내가 걸어가는 바른 길과 남을 협력케 할만한 강력한 방법을 몸에 지니고 싶다. 나는 타인에게 봉사하고 타인도 나에게 유용하길 바란다.

나는 증오·선망·질투·이기심 등을 배척한다. 그것은 타인을 함정에 몰아넣고 내가 성공한다고 해도 오래가지 못하기 때문이다. 나는 남을 믿고 자신을 믿는 까닭에 남도 나를 믿어주어야 한다.

이러한 신조를 마음으로 맹세하고 하루 한번은 소리 높여 외어보고 그것을 행동으로 옮겨나간다면 스스로 자신 있는 인간이 되고 성공하는 인간이 되리라 확신한다.

이 공식은 지금까지 어떤 사람도 발견하지 못한 법칙이다. 이 법칙을 무엇이라 부르던 그것은 상관없다.

중요한 것은 이 법칙은 패배를 멀리하고 가난을 물리치며 빈곤을 퇴치시키는 진리를 내포하고 있다는 점이다. 그러나 그것이 나쁜 방향으로 사용된다면 도리어 역효과가 나타날 것이 확실하다.

당신은 자기 암시를 부정적인 것에 사용해서는 안 된다. 그 이유는 모든 사고의 충동은 당신의 육체적 자산으로 되어 나타내기 때문이다.

▒ 신념은 패배를 물리친다

    당신의 잠재의식은 건설적인 생각과 파괴적인 생각을 구별할 수 없다. 당신의 생각에 따라 어느 쪽으로든 결정되는 것이다.

    그것은 마치 전기와 같이 바르게 쓰여지면 산업의 톱니바퀴를 돌려 인간에게 유익한 서비스를 제공하지만, 만약 악용되면 인간을 멸망케 하는 결과를 가져온다. 자기 암시도 당신의 사용에 따라 당신에게 성공과 행복을 가져오기도 하고 비극과 실패와 죽음의 골짜기로 인간을 밀어 던지기도 하는 것이다. 모든 것은 당신의 잠재의식을 어떻게 움직이며 실행되도록 하느냐에 달려 있다.

    만약 당신이 당신 능력에 대해 불신하거나 의혹을 품고 있으면, 자기 암시의 법칙은 불신의 정신을 당신 마음 속에 심고 그것이 행동으로 반영될 것이다.

    돛단배를 바람 부는 대로 맡기는 것처럼, 자기 암시의 법칙은 당신의 생각 여하에 따라 당신을 성공시키기도 하고 파멸로 이끌기도 한다.

    자기 암시의 법칙은 다음의 시 속에 잘 나타나 있다.

        자기 암시의 법칙

        만일 당신이 파멸한다고 생각한다면
        당신은 파멸한다.
        당신이 어쩔 수 없다고 포기하면
        아무 것도 성취하지 못한다.
        당신이 이길 수 없다고 생각하면
        승리의 여신은 당신에게 미소짓지 않는다.
        성공은 당신의 의지에서 비롯되며
        정신 상태에서 결정되는 것이다.

당신의 생각이 성공을 원하면 당신은 성공한다.

높은 지위에 오르고 싶으면 반드시 이루어진다는 신념을 가지면 된다.

인생은 언제나 강하고 약삭빠른 사람편에만 서 있는 것이 아니다. 모든 성공한 사람들은 「나는 성공할 수 있다. 나는 해낼 수 있다.」 라고 생각한 사람들이다.

▦ 신념은 기적을 만든다

당신의 마음속에는 목표 달성을 위한 종자가 있다. 그것을 알고 활동케 한다면 당신은 생각지도 못한 것까지 성취하게 될 것이다.

음악의 천재가 바이올린 줄에서 매우 신묘한 명곡을 만들어 내는것처럼 당신도 머리 속에 잠들고 있는 재능으로 목표에 도달할 수 있다.

에이브라함 링컨은 40이 넘을 때까지 계획이나 사업이 모두 실패의 연속뿐 이었다. 그의 마음과 머리 속에서 잠들고 있던 재능이 위대한 경험을 하기 전까지는 링컨은 존재조차 희미했던 그런 위인이었다. 그런데 그가 앤 리들지란 여자를 만난 후부터 그의 재능이 눈을 떴다.

사랑은 신념과 거의 비슷한 정신상태이며, 그만한 힘을 가지고 있다. 사랑은 인간의 정신적 자산으로 생각할 수 있다.

필자는 큰 목표를 달성하고 성공한 많은 사람들의 사업을 분석하면서 그들 대부분은 부인의 사랑에 의하여 크게 영향 받았음을 알았다.

당신이 신념의 힘을 알고자 원한다면 훌륭한 업적을 남긴 사람들을 연구해 보는 것이 좋다. 우선 역사적으로 알려진 인물 중에서 첫 번째로 생각나는 사람은 예수 그리스도이다. 그는 아무리 박해를 당해도 신념에 차 있었다. 기적이라고 말하는 그리스도의 가르침은 신념 이외에는 아무 것도 아니다.

그 다음은 마하트마 간디이다. 그는 돈도 없고, 집도 없고, 군대나 무기도 없이 전쟁을 치렀다. 그에게는 권력의 도구라곤 아무 것도 없었다. 그러나 그에게는 강한 신념이 있었다.

간디는 영국과의 투쟁에서 싸울 힘을 신념에 의해서 얻었다. 그는 이 신념을 통하여 2백만의 사람을 움직일 수가 있었다. 신념 외에는 그토록 강한 힘을 발휘 할 수 있는 것이라곤 아무 것도 없기 때문이다.

이 두 사람 외에도 수 없이 많다. 그들은 모두 신념에 의해서 자기가 바라는 일을 성취했던 것이다.

신념이 없으면 성공도 없다.

신념은 잠재의식 속에 숨은 암시에 의해 유도되고 강화된다.

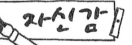

자신감

나는 해야 한다.
그러므로 나는 할 수 있다.

I. 칸트

자신있는 행동은 일종의 자력을 띤다.

R.W.에머슨

3. 신념과 자신감

실행이 따르는 신념을
당신의 신념을 활용하라
신념의 뛰어난 힘

독자에게 드리는 질문

　당신은 자신감과 신념이 없으면 가치 있는 어떠한 일도 이룰 수
없다는 것을 알고 있는가?

　그러나 아무리 신념이 강하고 자신감이 넘치더라도, 실행이 따르
지 않으면 그것은 죽은 것이나 다름없다. 당신이 진정으로 성공하
여 역전의 대 드라마를 엮어내려고 한다면, 신념의 뒷받침을 받으
면서 목표를 향해 진지한 노력을 해야 한다. 그렇게 하기 위해서는
무엇보다도 신념과 자신감을 가져야 하며, 그것을 강화시켜야 한
다. 이제 그 비결을 알아보자.

실행이 따르는 신념을

신념은 단순히 말로만 존재하는 것이 아니다. 그것은 확실한 힘이며, 활력원이고 정력원이며 조력자이다. 그리고 여러가지 상태를 끌어들이고 사람들의 행동에 충동을 주는 폭발적인 영향력이다.

세계의 행동가들은 모두 신념에서 그 힘을 얻고 있다. 신념은 성공에의 추진력이다.

신념이 없으면 자연 자신감도 없게 된다. 이 두 가지는 서로 양립하여 전진하는 것이다. 신념과 자신감을 갖고 일에 임하게 되면 실패는 없을 것이다. 무엇인가 가치 있는 목표에 정신을 집중하라. 그리고 그것을 지향하는 당신 자신을 신뢰하도록 하라. 당신과 같이 일을 하는 사람들을 신뢰하라. 모든 사람의 운명을 지배하고, 모든 부정적인 생각을 없애버리고, 오로지 자신감을 갖고 일을 추진하는 당신 안에 있는 「그것」을 믿도록 하라. 그렇게 하기만 하면 모든 장애는 없어지고 말 것이다.

당신도 알고 있는 것처럼, 신념은 모든 위대한 종교의 기조(基調)를 이룬다. 그것은 예수, 석가모니, 공자, 마호멧, 모세 등 그 밖에도 수많은 현인들이 되풀이해서 강조해 온 사상이다. 그것은 다음과 같은 한 마디 말로 요약할 수 있다.

「당신이 그것을 믿으면 그렇게 된다!」

그러나 여기에서 당신이 언제나 기억하고 있어야 될 하나의 진실이 있다.

그것은 확신이라든가 신념이 진실에 기초를 두고 있다고 하여도 당신이 스스로 원하고 있는 것에 대해 막대한 노력을 기울이지 않으면 무슨 일이든지 실현될 수가 없다는 사실이다.

가령 신념을 올바르게 써서 표면상 기적이라고 생각될 만한 일이 실현되었다고 하더라도, 이 사실만은 절대로 틀림없는 일이다. 위대한 일은 모두 한 인간 한 사람의 신념으로부터 출발하고 있지만 그것은 노력에 의해서만 완성된다.

위대한 발명은 모두 신념과 아이디어 그리고 그것을 실현하려고 하는 자기의 노력에 근거한다. 그들은 이 원리를 알고 있으며 또한 사용하고 있다. 성공한 사람들의 비밀은 모두 여기에 있다.

당신의 신념을 활용하라

우리들은 누구나 「당신이 믿기만 하면 그렇게 된다」고 하는 말을 의심없이 받아 들이고 「뜻이 있는 곳에 길이 있다」라고 하는 옛 부터의 격언을 마음에 새김으로써, 자신이 추구하고 있는 것을 달성할 수 있다.

바꾸어 말한다면, 1년 내내 쉬지 않고 하루 24시간, 1주 7일 간 그리고 1년 365일 동안 계속하여 일하고 있는 어떤 사고력, 어떤 신념, 어떤 확신을 가지라고 하는 것이다. 그리고 나는 당신에게 약속해도 좋지만, 만약 당신이 그렇게만 한다면 당신은 고주파의 전류가 공중을 달리듯 재빨리 놀라운 진보를 성취하게 될 것이다.

신념은 제트 추진력과 같은 속도로 당신을 데리고 간다. 신념은 언제나 사물을 끌어당기고 불신은 사물을 쫓아낸다.

당신은 신께 기도 드리는 일에 대한 지식을 조금쯤은 갖고 있을 것이다. 기도란 마음으로부터의 진지하고 진정한 소원, 또는 욕망의 표현이 아니고 무엇인가? 저 위대한 그리스도는 다음과 같이 가르치고 있다.

「당신들이 무엇을 원하든 당신들이 기원할 때에는 그것을 받고 있다고 믿으라. 그렇게 하면 당신들은 그것을 받게 되리라.」

참으로 이 가르침 대로이다. 우리는 누구나 다 우리 자신의 욕망이 우리 자신에게 미치는 효과와, 여러 가지 사건이 강렬한 욕망에 의해서 어떻게 영향 받는가를 알고 있을 것이다. 몇 세기 사이에 일어난 경제적인 변동도 자기 이득을 얻으려고 한 인간의 욕망 때문에 있었던 것이다. 그러나 우리는 우선 믿지 않으면 안 된다. 신념을 갖지 않으면 안 된다.

그렇지 않으면 우리들의 심오한 욕망(기도)은 단순하게 떠오르는 물거품에 지나지 않게 된다.

위대한 교사는 이렇게 말하고 있다.

「모든 것은 믿는 사람에게 주어진다.」

신념과 신앙은 당신이 한 번 그것을 잡은 후에는 당신을 붙잡고 놓지 않는다. 그것은 당신 안에서 뿌리를 내리고, 이번에는 「안에서 밖으로」 작용하게 된다.

당신이 어떤 일을 굳게 믿을 때 그것은 당신의 마음속에 이미 뿌리를 내린 것이다. 그리하여 당신 안에 있는 창조하는 힘이 그것을 성장시킨다. 그리고 그것은 다시 외부를 향해 자기를 확산하기 시작한다. 만약 당신이 잠재 의식에 부여한 이 마음의 그림을 공포나 고민 또는 의심으로 바꾸어 버리지만 않는다면, 성공으로 실현되는 날이 반드시 온다.

신념을 가져라. 그러면 당신이 바라는 것은 무엇이든지 당신 것이 될 수 있다.

▒ 신념의 뛰어난 힘

. 당신은 「신념은 현실적이 아니다. 당신이 내게 약속한 것과 같은 일은 일어날 수 없다」라고 생각하는가?

여기 놀라운 신념의 힘이 잘 표현된 이야기가 하나 있다.

화제의 주인공은 19세의 수병(水兵)이다. 그는 항공모함에 타고 있다가 구명보트나 구명조끼 하나 없이 파도에 휩쓸려 바다 한 복판으로 내던져 졌다. 그때가 새벽 4시였는데, 장소는 아프리카 대륙에서 멀리 떨어져 있는 해상이었다. 그가 바다에 내던져 지는 것을 본 사람은 아무도 없었으므로, 파도에 휩쓸려 바다 한 복판에 떨어지는 순간 그는 이제 죽었다고 생각했다.

그러나 젊은 수병은 그러한 절망적인 상황에서도 용기와 살 수 있다는 신념을 잃지 않고 입고 있던 작업복 하의를 벗어 그 끝을 묶고 바람을 불어넣어 임시변통의 구명대로 만들었다.

그는 8시 점호 시간이 되면 자신이 없어진 것을 알고 수색기가 그를 찾아오리라고 생각했다. 그가 타고 있던 항공모함은 정규 항로에서 벗어나서 멀리 떨어진 곳을 항해하고 있었다.

수병은 두려움을 누르고, 「나는 분명히 살아서 돌아 간다」라고 수없이 마음속으로 부르짖으며 절망감을 느끼는 자신의 마음을 달랬다.

그러나 날이 밝고, 아침이 되고, 그리고 한나절이 지나도 비행기는 그림자도 보이지 않았다. 그의 마음은 점차 절망감으로 침통해지기 시작했다.

「하느님, 어떻게 해서든지 살려주십시오.」

그는 신념을 잃지 않고 계속 기도했다.

그 날 오후 3시, 해상에 해가 떨어지고 그가 파도에 밀려 바닷가에 떨어진지 11시간이 지나서야 항공모함에서는 그가 없어진 것을 알았으나 그가 구출된 배는 그 항공모함이 아니라 그때 그곳을 지나가던 화물선이었다.

선원들은 대양의 한 복판에 한 사람이 떠 있는 것을 보고 놀랐다. 그러나 더욱 더 놀란 것은 망망대해에 구명기구 하나 없이, 그것도 19세의 소년이 12시간씩 바다에 떠 있으면서 물에 빠지지 않고 살아있다는 사실이었다. 그가 그런 악조건 속에서도 살아남은 것은 그의 투철한 신념이 있었기 때문이었다.

사람의 마음은 끝이 없다. 상상하고 마음의 날개를 펴 날아가는 곳에는 한계가 없다. 인간의 신념의 힘 역시 강하고 매우 크다. 당신이 인생에서 무엇을 이루려고 한다면「하면 된다」는 확신과「된다고 믿으면 그대로 된다」는 것을 깨닫고 굳은 신념으로 목표를 향해 나아가야 한다.

만약 당신의 신념만 강하다면, 당신이 원하는 것을 실은 배가 언젠가는 당신의 눈앞에 나타나게 될 것이다.

세계적으로 훌륭한 업적을 남긴 사람들은 특별히 신념이 강한 사람들이었다. 그들은 자기 자신을 믿었고, 자기 안에 있는 힘을 믿었으며, 자신의 능력을 믿었다.

당신의 인생이 역전의 대 드라마를 계획하고 있다면, 더욱더 신념이 강해야 한다.

당신의 사상은 적극적이며, 기대에 차 있고, 진실한 것이 아니면 안 된다. 그렇지 않으면 당신의 신념이 당신의 내부에 잠재해 있는 창조력에 불을 붙이지 못한다.

위급한 상황에 처해 있을지라도 먼저 당신에게 확고한 신념만 있다면 당신이 믿는 그 신이 당신의 부르짖음에 응답해 위급한 상황에서 벗어날 수 있도록 해 줄 것이다. 신념과 자신감을 가져라. 그것이 역전의 대 드라마를 이루는 비결이다.

능력

인간은 자신 안에 온갖 힘을 지니고
있으면서도 대체로 그것을 이용하지
못하고 있다. 육체적,정신적으로 아주
작은 부분만 이용하고 있는 것이다.
W.제임스

인간의 가치는 그 사람의 장점만을
통하여 판단하기 보다는 그 사람이
그 큰 장점을 어떻게 운용하고 있는
가를 보고 판단하여야 한다.

라로시푸코

4. 생(生)을 변화시키는 능력

당신에게 위대한 능력이 있음을 믿는 신념
시금석의 비밀
자신의 능력을 깨닫지 못한 사람들
생을 지배한다
선택할 수 있는 능력

독자에게 드리는 질문

당신은 자기가 위대하고 놀라운 능력의 소유자임을 믿는가?
아니면 보통의 능력을 가진 평범한 사람이라고 생각하는가?
많은 사람들은 자기의 능력을 깨닫지 못하고 불평만 하고 있다.
만약 당신이 이 능력을 발견하고 활동한다면, 당신의 인생은 변화
되고, 원하는 방향으로 발전하게 될 것이다.
당신은 지금까지 게으르고 투쟁적인 삶의 자세를 취해오지는 않
았는가?
또한 그것이 당신의 인생에 어떤 영향을 주었는가?

▨ 당신에게 위대한 능력이 있음을 믿는 신념

　당신은 위대하고 놀라운 능력의 소유자이다. 그 능력이 적절히 활동한다면 스스로에 대한 확신을 갖게 될 것이고 마음의 혼란은 평안으로, 불안은 평화로 변하게 될 것이다. 바로 이러한 사실을 믿는 것이 신념이다.

　많은 사람들이 운명과 인생에 대해서 불평을 한다. 그리고 그들이 가지고 있는 능력을 깨닫지 못하여 자신감을 잃고 있다.

　만약 이 능력을 발견하고 활동한다면 당신의 인생은 변화되고 원하는 방향으로 발전하게 될 것이다. 슬픔의 생이 기쁨으로 실패는 성공으로, 망설임은 확신으로, 실망은 새로운 기쁨과 의욕으로, 새로운 생활이 시작될 것이다. 당신이 비록 과거에 실패한 인생을 살았을지라도, 그 실패에서 일어나 성공을 향해 나아갈 것이다.

　자기의 능력을 믿지 못하는 부정적인 자세로는 결단코 성공할 수 없다.

　많은 사람들이 자신이 얻지 못했던 승리를 아이들에게서 얻으려고 한다. 그러나 자기가 이루지 못한 것들은 아이들에게도 맞지 않는다는 사실을 뒤늦게 알게 된다.

　대다수의 사람들은 자신에게 인생을 변화시킬 수 있는 능력이 있다는 것을 모르고 있으며, 그 능력을 깨닫지 못하고 있다. 그들은 다른 사람들도 그들과 같은 방법으로 애쓰고 있다고 생각하고는 이것이 생의 전부라고 단정해 버린다.

시금석의 비밀

레이몬드 데이비스가 필자에게 들려준 이야기를 하나 소개하겠다. 이 이야기는 많은 교훈을 준다.

알렉산드리아의 대 도서관에 불이나 모든 것이 다 타 버렸을 때 한 권의 책만이 불에 타지 않았다. 그런데 그 책은 그렇게 귀중한 책은 아니었다.

어느날 가난한 사람이 그 책을 샀다. 그 책에는 관심을 끄는 부분이 있었다. 그 책의 표지는 고급용지로 되어 있었는데, 거기에는 「시금석의 비밀」이라고 쓰여져 있었다.

시금석은 어떤 금속이라도 순수한 금으로 변화시킬 수 있는 조그마한 수정이다. 그 책 속에는 그 조그마한 수정이 흑해에 있는데, 아주 비슷하게 보이는 수많은 자갈 중에 섞여 있다고 기록되어 있었다. 단 한 가지 다른 점은 수정은 따스하게 느껴지지만 자갈은 차갑게 느껴진다는 것이다.

그래서 그 가난한 사람은 얼마 안 되는 자기 재산을 전부 팔아서 흑해도로 가서 캠프를 쳤다. 그리고 자갈들을 하나하나 조사하기 시작했다.

그는 자갈을 집어 들었다가 차가우면 물 속에 넣었다. 그는 그렇게 하기를 3년 동안이나 했다.

그러던 어느 날 아침, 그는 여느 때처럼 조약돌 하나를 집어 들었다. 그 돌은 따뜻하게 느껴졌다. 시금석임에 틀림없었다. 그러나 그는 그 돌을 습관적으로 던져 버렸다. 바다에 돌을 던지는 습관이 몸에 배었던 것이다. 그는 그 습관 때문에 3년 동안 고생하며 원했던 것이 주어졌을 때도 여전히 그 돌을 던져 버린 것이다.

그렇다. 일생 동안 자신의 놀라운 능력이 여러 번 가까이에 다가

온다. 그 놀라운 능력이 우리 앞에 나타난 것이 한두 번이 아니다. 그럼에도 불구하고 당신은 그것을 깨닫지 못하고 타성으로 팽개쳐 버리지는 않았는지?

우리는 그 위대한 힘을 바로 알아야 한다. 그 힘은 누구나 가지고 있는 것이다.

자신의 능력을 깨닫지 못한 사람들

얼마전 아프리카 원주민들에게 일어난 한 에피소드를 소개하고자 한다.

한 탐험가가 아프리카의 미개지로 갔다. 그는 원주민들을 위해 여러 가지 장신구를 가지고 갔는데, 그 중에는 두 개의 거울을 가지고 있었다.

그는 이 두 개의 거울을 서로 다른 나무 위에 세워 놓았다. 그리고 나서 탐험 계획에 대해 그의 몇몇 일행과 이야기를 나누고 있었다. 그때 한 원주민이 손에 창을 들고 거울 가까이 오는 것이 보였다. 그 원주민은 거울을 들여다보았다. 그리고는 그 유리를 향해 창을 던져 산산조각을 냈다. 그 탐험가는 그에게로 걸어가서 왜 거울을 박살냈는가 물어보았다.

『그가 나를 죽이려고 했어요. 그래서 내가 먼저 그를 죽인 것이오.』

그 탐험가는 원주민에게 거울에 대해 설명하면서 두 번째 거울로 데리고 갔다. 그는 원주민에게 말했다.

『자, 보십시오. 거울이란 당신의 모습이 어떠한가를 보기 위한 물건입니다.』

그러자 원주민은 이렇게 대답했다.

『나에게 가르치려고 하지 마시오.』

수백만의 사람들이 그 원주민과 같다. 그들은 인생과 투쟁하며 살아간다.

그들은 적을 찾기를 은연중에 기대한다. 그들은 고난이 계속될 것이라고 생각하고 그런 방식으로 행동한다. 그래서 그들은 자신의 놀라운 능력을 깨닫지 못하고 있다.

생을 지배하라

당신이 인생을 변화시킬 수 있는 놀라운 능력을 알지 못하는 것은 마치 뒤뜰에 다이아몬드가 묻혀 있는 것을 알지 못하는 것과 같다.

평범한 생을 보내는 사람들이 대부분이고, 비참한 생을 보내는 사람도 적지 않다. 그것은 그들이 자신이 지닌 능력을 깨닫지 못하고 그것을 활용하지 않기 때문이다.

당신은 인생과 더불어 투쟁하려고 하지 말라. 당신의 생을 다스리도록 노력하라. 우리는 이 진리를 하루라도 빨리 깨달아야 한다.

우리가 생을 최대한으로 활용하려면 먼저 생을 이해해야 한다.

이 놀라운 힘은 누구나 다 활용할 수가 있다. 거기에는 어떤 특별한 훈련이나 교육을 필요로 하지 않는다. 어떤 특별한 소질도 필요로 하지 않는다. 부나 명성도 필요로 하지 않는다. 그 놀라운 힘은 신분과 지위를 막론하고 태어날 때부터 가지고 태어난다.

당신은 이 놀라운 힘을 인정하여 받아들이고, 모두 활용해야 한다. 그리고 하루 빨리 성공의 무대에 올라서야 한다.

■ 선택할 수 있는 능력

모든 사람이 소유한 가장 위대하고 놀라운 능력은 바로 선택할 수 있는 능력이다.

당신의 종교적인 신념이 무엇이든지, 당신은 이 능력을 소유하고 있다. 당신에게 이런 선택과 결정을 하게 할 사람은 당신 자신 밖에 없다. 당신이 그것을 원했기 때문에 그것을 선택한 것이다.

만약 그 선택이 잘못된 것이라면, 당신은 그 책임을 다른 사람에게 전가시키려고 한다. 어떤 사람은 그것을 조상의 탓으로 돌리기도 하고, 또 하늘에게 돌리기도 한다.

「하늘은 스스로 돕는 자를 돕는다」라는 말을 알고 있을 것이다. 하늘은 모든 사람에게 스스로 도울 수 있는 권리를 준다. 즉 그것은 선택할 수 있는 권리이다.

만약 당신이 음주 운전을 하다가 사고를 냈을 때, 부자가 되고 싶은데도 아직도 가난을 면치 못했을 때 그 책임은 누구에게 물어야 하는가?

당신을 해치는 사람은 바로 당신 자신이다. 그것은 당신이 태어날 때부터 가지고 있는 선택의 능력을 잘못 사용했기 때문이다.

이제부터는 선택의 능력을 바로 사용해야 할 것이다.

용기는 역경에 있어서의 빛이다.

보브나르그

두려움 (공포)

우리들이 두려워 해야될 것은 두려워
하는 그 마음뿐이다.

루즈벨트

5. 두려움과 고뇌를 극복하기 위해서는

두려움과 공포란 무엇을 의미하나?
두려움과 싸워야 도전할 수 있다
공포의 그림자는 지워 없애야 한다
이성(理性)으로 공포를 추방시킨다

독자에게 드리는 질문

당신에게 제1의 적(敵)은 누구인가? 당신에게 비열한 행동을 한 친구인가? 아니면 재정적으로 당신에게 막대한 손실을 입힌 고향 사람인가? 또는 당신이 그토록 사랑하던 연인을 빼앗아간 자인가? 아니면 당신의 신뢰를 배반한 자인가? 당신이 하고 싶지 않은 일을 강요하여 견디다 못해 사표를 쓰게 한 상사인가?

지금까지 열거한 사람들이 당신의 천적일 수도 있다. 그러나 당신에게는 이러한 사람들보다 더 무서운 적이 있다. 그것은 바로 두려움이다. 이제 그 두려움을 물리치는 방법에 대해서 논해 보자.

▨ 두려움과 공포란 무엇을 의미하나?

이 세상을 살고 있는 사람 중에 두려움이나 공포를 느껴보지 않은 사람은 한 사람도 없다. 대부분의 사람들에게는 두려움을 느끼는 것이 「제2의 천성」이라고도 할 수 있다. 젊었을 때 두려움을 갖는 것은 곧 「주의」를 한다는 것이므로 유익한 면도 없지 않다. 그러나 어른이 되어서 성공을 향해 달려가는 당신은 두려움에 지배당해서는 안 된다.

당신이 갖고 있는 두려움과 공포의 대부분은 어려서부터 지녀온 것이다. 어둠의 공포, 타락의 두려움, 이별의 아픔이 주는 두려움, 사람을 만나는 일에 대한 두려움 따위는 옛날에 있었던 경험에서 비롯된 것이다.

만약 당신이 직면해야 할 상황이나 부딪쳐야 할 사람을 피한다고 하면, 그것은 당신이 겁이 많아서가 아니다 그것은 단지 당신에게 감정을 통제하는 힘이 부족하다는 표시일 뿐이다. 공포의 영향을 받아 정신적으로나 육체적으로 상처를 받고 있는 마음의 그림을 그리고 있어, 그 결과 당신의 잠재의식이 그 그림을 기준으로 작용하여 두려움을 느끼게 되는 것이다. 그리고 그 결과 당신은 또 다시 그런 일이 일어날까 두려워하고 있는 것이다.

「나는 자신이 약하다는 것을 알고 있으므로 그것과 부딪칠 수가 없다.」

사람들은 무엇이 두려우면 이렇게 말한다. 그들은 자기 마음속의 어떤 상태를 확대하고 마지막에는 그 상황을 생각만 해도 그만 두려움을 느껴 맥을 못 추고 있는 것이다.

길거리에서 교통 사고를 보거나 피를 흘리며 싸우고 있는 광경을 보았을 때, 사람들의 반응은 각각 다양하다. 볼 수가 없어서 그 자리를 피해 가는 사람이 있는가 하면, 어떤 행동도 할 수 없는 무기력한 상태에 빠진 사람들도 있을 것이며, 사건에 적극적으로 개입하는 사람도 있을 것이다. 같은 사건에 이렇게 다양한 반응을 나타내 보이는 것은, 사람에 따라 자기의 감정을 제어하는 힘이 다르기 때문이다.

두려움을 느낀다는 것은 외부로 나타난 자아와 안에 숨어 있는 자아 사이에 균형이 잡혀 있지 않다는 표시이다. 외부의 경험에 대한 적절한 적응이 아직 「진정한 당신 자신」에 의해서 행해지고 있지 않는 것이다. 그렇지 않다면 그러한 사건에 대한 공포심은 소멸되어 버렸을 것이다.

당신은 당신 자신 안에서 아직 완전히 극복하지 못한 것에 대해서만 두려움을 느끼게 된다. 당신이 두려워하고 있는 경험이 또 일어나고, 그에 대한 낡은 두려움이 당신 안에서 또 작용하도록 내버려 둔다면, 그와 유사한 일이나 그와 똑같은 상황에 처하게 되었을 때, 그에 적응하는 능력을 더욱 약화시키고 있는 셈이다.

모든 사람이 과거의 경험에 대해서 아주 똑같은 반응을 일으키지는 않는다. 어떤 사람은 강한 반면 어떤 사람은 약하다. 이렇게 사람에 따라 반응이 각각 다르다. 따라서 다른 사람에게는 고통스럽지 않는 일이 당신에게만 유독 두려움을 느끼게 하는 경우도 있다.

▦ 두려움과 싸워야 도전할 수 있다

당신 주위에는 매일 계속적으로 대하지 않으면 안 될 문제들이 항상 일어나고 있다. 가족의 질병, 사업의 실패나 실직, 실연 등 많은 일들이 일어난다. 직면해야만 하는 이와 같은 상황은 수없이 많다. 그때마다 나타내는 반응은 당신의 마음속에서 어두운 그림을 형성하고 그것이 당신의 잠재의식에 새겨져 당신의 기억의 일부가 될 뿐 아니라, 당신의 감정의 일부가 되기도 한다.

어떤 경험이 당신의 마음속에 공포를 불러일으키면 그 공포가 다른 비슷한 경험이 생겼을 때에도 나타나게 된다. 그리고 당신이 이 공포에 들볶일 때마다 두려워하고 있었던 일이 당신을 지배하게 되고, 이 두려움이 덮어씌우는 마음의 그림이 더욱 강화된다.

그 두려움은 신경 조직에도 끊임없이 영향을 미치어 육체의 건강을 파괴하고 있다.

보통 사람의 신체는 「감정의 연료」와 같은 것이다.

당신은 타기 쉬운 신경망(網)을 가지고 있으며, 그것이 두려움이나 공포에 반응을 나타내어 불꽃이 튕기면 즉각 의식에 불이 붙는다. 이때 「감정상의 화재」가 당신의 마음속에 짙은 연막을 펴 버리기 때문에 당신은 연막에 숨이 막히고 혼란을 일으켜 위험한 상태에서 빠져나올 수 있는 출구를 찾지 못한다.

공포에 신경조직이 일시적으로 「연소」되어 당신은 정상적인 기능을 발휘할 수 없게 된다.

어떤 사건에 부딪쳐서 두려움을 느꼈던 감정을 생각해 보면, 당신의 신체에 독이 생겨 신경조직이 파괴되고, 생명이 필요한 기관에 해롭게 반응하는 파괴적인 감정의 활동을 이해할 수 있을 것이다.

당신은 육체적으로 정신적으로, 또는 감정적으로 두려움이나 공포의 지배를 받아서는 안 된다. 당신이 그 상황에 대처하기를 꺼리고 차일피일 늦추면 늦출수록 공포로부터 당신 자신을 해방시키는 일이 어려워진다. 따라서 문제가 되는 상황에 빨리 부딪쳐 보는 것이 문제의 해결인 동시에 두려움을 극복하는 길이기도 하다.

만약 당신이 두려움에 떨었을 때의 과거 경험 몇 가지를 회상해 보면 그때 신체가 나타내는 반응을 기억할 것이다. 가슴이 두근거리거나, 숨이 차거나, 식은땀이 났다 든가, 신경이 경련을 일으켰다 든가, 알레르기 반응을 일으켰다 든가 그 밖의 여러 가지 육체적인 장애가 일어났던 일을 기억할 것이다. 이러한 모든 일들은 두려움이 신체에 커다란 영향을 주기 때문이다. 따라서 이것은 우리의 건강에 좋지 않다. 그러므로 두려움을 극복해야 한다. 공포를 물리쳐야 한다.

「우리들이 두려워 해야될 것은 두려워하는 그 마음 뿐이다.」

루즈벨트 대통령이 한 말이다.

두려워하는 것은 두려워하고 있던 그 대상이나 상황이 아니라 두려움 자체라는 것이다. 따라서 걱정하고 염려하거나 두려워하기보다는 부딪쳐버리는 것이 훨씬 편하다. 두려워하고 있던 상황에 도리 없이 직면하게 되었을 때는 그것이 자기가 이제까지 생각하고 있었던 만큼 그렇게 나쁘지도 무섭지도 않다는 것을 깨닫게 될 것이다.

▦ 공포의 그림자는 지워 없애야 한다

당신의 의식 속에 들어온 강한 공포의 감정은 마치 씨앗과 같아서, 마음속에 깊은 뿌리를 내린다.

나쁜 감정의 반응이라든가, 공포가 더욱 커져 가는 것을 막기 위해서는 감정을 제어하는 능력을 지니지 않으면 안 된다.

당신이 다음에 제시한 말들을 자주 입밖에 낸다면 당신은 크건, 적건 두려움이나 공포의 그림을 품고 있다는 증거이다.

「나는 언제나 두려운 생각이 들어 솔직하게 나의 의견을 말할 수 없다.」

「나는 무엇을 해본다는 것이 두렵다.」

「내가 하려고 하는 것은 무엇이든지 모두 잘 되지 않을 것이라는 기분이 든다.」

「나는 완전히 자신을 잃었다.」

「나는 나에게 일어난 일을 극복할 수가 없다.」

「나는 증오심이나 공포심이 생겨날 때면 내 스스로 억제심을 발휘하지 못한다.」

「나는 사는 것에 흥미를 잃었다. 두렵지만 않다면 죽고 싶다.」

이런 말들이 당신 입에서 자신도 모르게 자주 튀어나오지 않는가? 만약 그렇다면 지금이야말로 시급히 그런 패배주의적인 태도를 버려야 한다.

공포는 언제나 나쁜 상태만을 끌어당긴다. 그러나 용기는 이런 상태를 추방시킨다.

당신이 두려움의 그림자를 지우기 위해서는 제일 먼저 그런 문제와 대결하는 것이다.

한 번에 한 가지 문제씩만 대결하도록 하라. 두려움의 실체가 무엇인가를 파악하라. 자세히 관찰하면 당신이 부질없이 두려워했다는 것을 알 수 있을 것이다. 두려움이 당신의 마음을 지배하고 있을 때는 그런 감정이 올바른 감정인 것처럼 느낄 것이다.

그러나 지난 날 가장 두려웠던 때를 회상해 보면, 그 당시 그토록 두려웠던 감정이 지금 생각하니 한낱 부질 없는 생각이었음을 느끼게 될 것이다. 만약 그 당시 두려움이나 공포의 감정을 갖지 않았더라면 어떻게 대처했을 것이라는 생각도 떠오를 것이다.

그리고 나서 그때 올바르게 대처했을 때 당신이 해야될 말이나 행동을 기억하고 두려움을 극복하는 당신의 모습을 그려보는 것이다. 그러면 자연히 용기가 솟아오를 것이다.

두려움이 느껴질 때는, 두려움이 당신에게 덮어씌우고 있는 마음의 그림을 지워버리고 당신 자신에게 의식적으로 명령을 내려라. 두려움 따위는 관심도 두지 말라고 명령을 내린다. 그 다음에는 당신이 조금도 두려움 없이 그 상황에 대처하고 있는 그림을 마음속에 생생하게 그림으로써 대신 공포의 그림을 즉시 지워버려라.

비행기 조종사들은 이런 법칙을 응용하고 있다. 그들은 비행기가 추락한다든가, 사고가 나는 그림 따위를 생각했다가는 실제로 그런 비참한 결과가 일어난다는 것을 알고, 비행연습 도중 작은불상사라도 생기면 그들은 곧 다른 비행기로 바꾸어 타고 사고났던 때의 일을 잊도록 한다고 한다.

▩ 이성(理性)으로 공포를 추방 시킨다

당신은 무엇인가 두려움을 느끼거나 공포감을 느낄 때 그것에 도전하도록 자신을 훈련시킬 수 있다. 그리고 두려움을 느낄 때, 그 두려움에 마음의 자리를 내어주는 대신에 당신이 해야할 일을 완전하게 완수함으로써 그 두려움을 물리칠 수 도 있다. 그리고 나서 그 다음 일은 당신의 잠재의식이 스스로 올바른 순간에 올바른 행동을 할 수 있도록 직관적으로 인도할 것이다.

「고민은 근심이나 걱정을 빌린 사람의 의자이다.」

조지 워싱톤의 말이다.

「번민은 공포의 시녀이다.」

「천로역정」의 작가 죤 번연은 어떤 인생보다도 험난한 가시밭 길을 걸어왔다. 그러나 그는 이렇게 말했다.

「내가 절대로 고민하지 않는 날이 한 주에 이틀 있다. 다시 말해 두려움이나 걱정에서 해방된 신성한 날이 있다. 그 날은 바로 어제이고, 또 하루는 내일이다.」

그러나 당신에게는 바로 오늘이 근심 없는 날이 되어야 한다. 오늘이야말로 당신이 현실에 직면하지 않으면 안 될 유일한 순간이기 때문이다.

오늘은 당신이 적극적으로 무엇을 해야만 되는 날이다. 오늘은 내일과 어제 사이에 존재하는 아주 중요한 「기회」로써, 내일이 되기 전에 무엇인가를 해야만 되는 날이다.

오늘날 많은 사람들이 당신이 직면한 상황보다 더 두렵고 무서운 환경에서 그것을 극복해내고 훌륭한 업적을 이룩했다. 당신도 능히 그렇게 할 수 있다.

어떤 두려운 상황에서도 자기 자신을 움직이는 모든 것의 「보스」로서, 그리고 모든 상황의 주인으로 생각하고 그러한 모습을 마음에 그리도록 하라.

이성(理性)은 공포를 추방할 수 있다. 이성에 호소하면 이성은 모든 공포를 능히 물리칠 수가 있다.

적극적으로 문제에 대처하라. 당신의 미래를 크게 이끌어 갈 수 있도록 용기와 신념을 가져라.

일은 인간 생활의 피할 수 없는
조건이며 인간 복지의 참된
근원이다.

L.N.톨스토이

STEP
3

맡은 일에 최선을 다하라

노 력

성공한 사람들의 특징은
열심히 일한다는 점이다.
그리고 그 일을 좋아한다는
점이다.
당신이 성공하고 싶다면
당신의 일을 사랑하라.
그러면 당신의 인생을 즐겁게,
가치있게 그리고 풍요롭게
만들어 줄 것이다.

오그 만디노

지혜는 운명의 정복자이다.

유베날리스

1. 세상에는 공짜가 없다

세기(世紀)의 지혜
마음의 문을 열어라
일의 대가가 곧 성공이다
승진을 원하는 사원에게
가장 좋은 도움을 주는 것은
스스로 창조하는 가치
일에 대한 긍지를 가져라
일을 시작하라

독자에게 드리는 질문

당신은 열심히 일하고 노력하는 사람이 반드시 성공한다고 믿는가? 아니면 적당히 노력하고 기회를 잘 타는 사람이 성공한다고 믿는가?

▓ 세기(世紀)의 지혜

　오래 전에 어느 현명한 왕이 현자들을 한 자리에 모아 놓고 『후세에 남겨 줄 수 있는 「세기의 지혜」를 다 정리하여 책에 기록하도록 하라.』하고 명령하였다. 현자들은 왕의 명령에 따라 오랜 세월에 걸쳐 연구에 연구를 거듭하였다.

　그들이 연구한 12권의 책을 가지고 왕 앞에 나타났을 때 왕은 그 책의 양이 후세에 남겨주기에는 너무 방대하므로 간략하게 줄이라고 하였다.

　현자들은 다시 열심히 연구한 끝에 한 권의 책으로 줄여서 왕에게 보여주었다. 왕은 그것을 더 줄이라고 명령하였다. 현자들은 한 권의 책을 하나의 장으로 줄였다. 그리고 그것을 다시 한 페이지로, 또다시 하나의 문장으로 바꾸었다. 그러자 왕은 기뻐서 어쩔 줄 몰라 하면서 이렇게 말하였다.

　「세상에 있는 모든 사람들이 이것을 배우면 곧 그들의 모든 문제가 해결될 것이다.」

　현자들이 후세에게 물려주기 위해서 만든 「세기의 지혜」는 무엇이었을까? 그것은 바로「세상에 공짜는 없다.」는 사실이다.

　그렇다. 세상에 공짜는 없다. 무엇이든지 대가(代價)를 요구한다.

　성공한 사람들의 특징은 열심히 일하고 성실하다는 점이다. 그들은 일하는 것을 낙으로 삼았으며, 「성실」을 부모처럼 받 들여 모셨다.

　당신이 성실하게 일하며 사는 사람이라면 당신은 어떤 고민이라도 다 순조롭게 해결할 수 있을 것이다.

　다음에 게재한 시(詩)는 일과 성실의 가치에 대해서 잘 나타내고 있다. 음미하기를 바란다.

일은 모든 사실의 기초이며, 풍부한 삶의 근원이요, 모든 발명의 뿌리이다.

일로 인해서 사람은 발전하고 부자가 된다.

일은 돈을 저축할 수 있게 하며, 모든 행운의 기초이다.

일은 인생을 즐겁고 행복하게 만들어 주는 요소이므로 우리는 일을 즐기며 사랑해야 한다.

일의 축복과 결과를 기대하는가? 그렇다면 더욱 더 일하기를 좋아하라.

일을 사랑하면, 일은 인생을 즐겁게, 가치 있게 그리고 풍요롭게 만들 것이다.

작가 미상의 이 글은 우리에게 일의 중요성에 대해서 잘 묘사해 주고 있다.

▨ 마음의 문을 열어라

일의 중요성을 알기 위해서는 마음의 문을 열어야 한다. 다시 말해 고정관념을 버리라는 것이다.

세상의 여러 학자들 그리고 성공한 사람들이 열심히 일하라고 권고하며, 일하는 사람만이 승리자가 될 수 있다고 수없이 권고한다. 그러나 많은 사람들은 이러한 말을 한 귀로 듣고 한 귀로 흘려 보낸다. 세상에서 가장 효과적이고 아름답고 실용적인 철학이라도 당신의 허락 없이는 절대로 작동할 수가 없다. 세상에 아무리 지식이 풍부하다고 해도 그것을 이용하지 않으면 아무런 소용이 없는 것이다.

많은 사람들은 직장을 얻으면, 바로 그 순간부터 일의 중요성을 잊어버린다.

어느 기업인에게 당신 회사의 종업원 중에서 몇 명이나 당신을 위해서 열심히 일하느냐고 묻자, 그는 씁쓰레한 표정을 지으면서 「전체 종업원 수의 절반정도가 나를 위해 일하지요.」라고 대답했다고 한다. 종업원들의 절반이 일을 축복이 아니라 저주의 대상으로 생각하고 있었던 것이다. 돈이 있든 없든, 인간은 마땅히 일을 하면서 살도록 창조된 것임을 잊어서는 안 된다.

▓ 일의 대가가 곧 성공이다

일의 대가는 곧 성공이며, 일의 부산물이 돈이며 성공이다. 따라서 당신이 남보다 배로 일하면 남보다 더 큰 성공을 기대 할 수 있다.
장애물이 있을 것이다. 그러나 그것은 문제가 안 된다. 꾸준히 일하는 사람에게는 장애물 따위는 결코 문제가 될 수 없다.
「성공하려면 당신이 무슨 일을 하고 있는지를 알아야 하며, 하고 있는 그 일을 좋아해야 하며, 하는 일을 믿어야 한다.」
월 로저스의 말이다. 그는 미국의 굴지의 고무제품 생산회사 회장이다.
H.M 그린버그가 미국의 18만명 노동자를 상대로 조사해 본 결과 그들의 80%가 일에 취미를 붙이지 못했다고 응답했다. 참으로 비극적인 일이다. 이런 이유로 저조한 생산실적과 엉터리 상품이 범람하고 있는 것이다.
나는 종종 많은 사람들이 소극적인 자세로 일하는 것을 보아왔다. 그들은 퇴근 시간만을 기다리며 일한다. 시간가는 줄 모르고 열심히 일하는 것이 아니다. 그들은 참으로 무엇을 위해서 사는지 궁금할 뿐이다.

승진을 원하는 사원에게

당신이 현재 소속된 직장에서 일정한 시간에 출근 하고 정직하게 일과를 완수하고 기업주에게 틀에 박힌 충성을 하며 봉급을 받는 사람이라면, 당신은 비범한 사람이 아니다. 그런 식으로 근무하면 직장은 계속 보장받을 수 있을 것이다. 그러나 보다 빠른 승진은 기대할 수 없다.

당신의 기업주는 자선가가 아니라 사업을 운영하는 사업가이다. 그로부터 많은 봉급을 받기 원한다면 당신은 그를 위해 더 가치 있는 사람으로 변해야 한다. 그러기 위해서는 더 많은 노력, 더 많은 충성심, 더 많은 열정, 더 많은 시간 그리고 더 많은 책임감을 감수해야 한다. 한 마디로 말해 남보다 배로 일하면 될 것이다. 이렇게 하면 당신은 바라는 직장, 돈 그리고 승진을 기대할 수 있다.

다른 동료 보다 배로 일하라. 그러면 놀라운 결과가 생긴다. 봉급만큼만 일하는 사람이 대성했다는 얘기를 우리는 들어본 적이 없다. 그런 식으로는 성공할 수 없기 때문이다.

현대는 치열한 경쟁시대이다. 남에게 이익을 주지 않으면 이익을 받을 수 없다. 다시 말해 다른 사람에게 이익을 배로 주지 않으면 당신은 이익을 몇 배로 받을 수 없다. 이것이 철칙임에도 불구하고 많은 사람들은 그렇게 생각하지 않는다. 일은 적게 하면서 승진은 빨라지기를 기대하고 있다.

성공하려면, 다른 동료나 직원 보다 빨리 승진하려면 그들보다 몇배의 노력을 해야 한다.

일하지 않고 가만히 서 있는 사람에게는 아무도 승진의 기회를 주지 않는다.

가장 좋은 도움을 주는 것은

가장 좋은 도움을 주는 것은 무엇일까? 그것은 당신의 두 손이다. 대부분의 문제는 남의 도움이 아니라 당신 자신의 노력과 일로 해결된다.

이 세상에는 복권이 당첨되기를 바라거나 일확천금을 꿈꾸는 사람들이 많다. 이런 사람들은 공짜 심리를 가지고 있고, 다른 사람이 그에게 돈이나 행운을 주기를 기다리는 사람이다.

스스로 창조하는 가치

당신은 당신의 인생을 위해서 일해야 한다. 인생이 보람 있는 삶이 되기 위해서는 반드시 일해야 한다. 일하지 않는 사람은 아무런 보람도 업적도 남길 수 없다.

회사에 다니는 사람들에게 공통적이면서 가장 중요한 꿈은 「보장」이다. 안전보장을 원하고 있다. 일과 안전문제는 밀접한 관계가 있다. 그러나 여기서 알아야 될 것은 안전보장도 남이 주는 것이 아니라 자신이 만들어낸 안전보장이 가장 확실하다는 것이다.

국가에서 허락해주는 안전보장과 당신 자력으로 이룩한 안전보장에는 엄청난 차이가 있다. 당신이 일하면서 안전보장을 추구하는 것과 다른 사람이 당신의 안전을 보장하는 것과는 다르다는 것을 명심해야 한다.

진정한 안전보장은 일하는 사람만이 가질 수 있는 것이다. 그것은 남이 주는 것이 아니라 스스로 창조하는 것이다. 따라서 꾸준히 일하는 사람만이 보장을 받을 수 있다.

▓ 일에 대한 긍지를 가져라

오늘날 세계적으로 레저 시간이 많이 증가되었다. 이 시간이 증
가되면서 사회문제와 질병도 증가되었다는 사실 또한 부인할 수
없다. 욕구불만, 신경쇠약, 이혼, 알콜 중독 그리고 범죄가 과거 어
느 때보다 많이 증가 된 것이다. 만일 사람들이 올바른 생각으로
부지런히 일을 했다면 이런 문제들이 이렇게 많이 생겨나지 않았
으리라고 생각된다.

당신이 자기가 하는 일에 긍지를 갖지 않으면 그 일에 최선을 다
할 수 없다. 또한 실력을 발휘할 수도 없다.

일을 열심히 하기 위해서는 자기가 하는 일에 긍지와 자부심을
가져야 하며, 보람을 느껴야 한다.

돈에는 천한 돈과 귀한 돈이 없듯이 일에도 천한 일과 귀한 일이
없다. 일은 신성한 것이다. 따라서 당신이 하고 있는 일이 도둑질이
나 사기 등과 같이 비정상적인 것만 아니라면, 그 일에 긍지를 느
껴야 한다.

🔲 일을 시작하라

오랫동안 실직으로 놀던 사람들 보다 직장에서 일하던 사람이 직장을 구하기가 더 쉽다. 기업주들이 빈둥거리고 놀던 사람들보다 일하던 사람을 더 원하기 때문이다.

취직은 성공에 이르는 첫째 관문이다. 그러나 첫 취업은 매우 어렵다. 일단 취직이 되면 당신은 점차적으로 승진을 기대할 수 있다. 첫 관문을 통과하면 그 다음 관문을 통과하기는 쉬운 법이다.

일도 마찬가지다. 처음 일을 시작한다는 것은 어려운 법이다. 그러나 일단 일을 시작하면 일이 재미있다는 사실을 알게 된다.

일을 시작하라. 시작이 절반이다. 당신이 해야할 일이 보람 있는 일이라면 즉시 시작하라.

직장을 구하는 많은 젊은이들은 처음부터 완벽한 직장을 원한다. 대우가 좋고 장래가 보장되는 그런 완전한 직장을 구한다. 그러나 세상에는 그렇게 입에 맞는 떡은 많지 않다. 한두 가지 결점이 있게 마련이다. 따라서 처음부터 그런 완전무결한 곳을 구하려고 한다면 당신은 직장을 구하기가 어려울 것이다.

일도 마찬가지다. 아무리 사소하게 보이더라도 올바른 일이라고 판단되면 시작하라. 그러면 더 좋은 일을 구할 수 있을 것이다.

소원성취는 일의 부산물이다. 많은 사람들은 생활보장, 휴가, 보너스, 퇴직금 등이 보장된 직장을 구한다. 그러나 희망을 가진 젊은이는 그토록 완벽한 직장이 아니더라도 일단 취직한다. 변화의 필요성을 알기 때문에 적응해 나가는 것이다. 일을 신성한 것으로 보고 일을 시작하는 사람은 성공할 가능성이 많은 사람들이고, 완전무결한 직장이 나올 때까지 기다리는 사람은 실패할 가능성이 많은 사람이다.

일은 일단 시작해야 끝낼 수 있다. 첫째 관문을 통과해야 둘째 관문, 셋째 관문도 통과할 수 있는 법이다.

천리 길도 한 걸음부터 시작된다. 일단 시작하라. 시작 하면 전진 은 어렵지 않다.

만일 어떤 일이 어렵거나 힘들 때라도 그것을 즉시 처리해야 한 다. 그렇지 않고 기다리거나 주저한다면 일은 더 어렵게 보이게 될 것이고, 당신은 겁이 많은 사람이 된다. 어렵고 힘이 든 일일수록 즉시 시작하라

끈기

위대한 사업이 이루어 지는 것은
힘이 아니라 끈기에 의한 것이다.

벤 존슨

굴러가는 돌에는 이끼가 끼지 않는다.

존 헤이우드

2. 준비하라

중단하지 말라
준비된 사람만이 성공의 기회를 발견한다
장애물을 극복할 수 있는 끈기
펌프의 교훈
중단하는 자는 실패자이다
한 번 더 시도하라

독자에게 드리는 질문

당신은 세상에 공짜가 없다는 것을 믿는가? 아니면 아직도 노력
하지 않고도 일확천금을 얻을 수 있다고 생각하는가? 세상에 많은
업적을 남긴 위대한 사람들은 모두 피나는 노력을 하였다는 것을
기억하자.

일을 시작했는가? 그 일에 보람을 느끼고 있는가? 또한 긍지와
자부심을 느끼고 있는가? 그렇다면 이제 그 일을 완성시켜 성공하
는 방법에 대해서 연구해 보기로 하자. 인내력과 끈기 없이는 어떤
일도 완성할 수 없다는 것을 기억하자.

🔲 중단하지 말라

준비하라. 준비된 사람만이 일을 시작하면 끝낼 수 있다. 일에 대한 올바른 자세를 가져야 한다는 말이다.

일에 대한 자세의 중요성에 대해서는 발명왕 에디슨의 이야기에 잘 나타나 있다.

어느 날 에디슨과 그의 연구팀은 무엇을 발명하기 위해서 열심히 실험을 하고 있었다. 연구에 몰두하던 연구원이 이렇게 물었다.

『에디슨 씨, 이번 발명을 위해서 만 번 정도 실패를 경험한 것 같은데요….』

그러자 에디슨은 진지한 표정으로 그 연구원을 바라보면서 이렇게 말했다.

『젊은이, 내가 볼 때 그것은 만 번의 실패가 아니오, 나는 이제 효과가 없는 만개의 방법을 알아냈다고 생각하오.』

에디슨은 전등불을 발명하기 위해서 이보다 더 많은 1만 4천 번의 실험을 했었다. 그는 전등불을 발명하기 위해서 효과가 없는 방법을 많이 발견했다. 그는 효과가 있는 방법 한 가지를 찾기 위해서 꾸준히 실험을 했던 것이다. 이미 설명한 바와 같이 성공한 사람들은 끈기 있게 노력했던 것이다.

그러나 실패한 사람들은 일을 하다가 난관에 봉착 하게 되면 중단하고 만다.

당신이 어떤 일을 할 때 중단하지 않는 한 당신은 일시적인 실패에도 불구하고 다시 일어설 것이다. 다시 말해 실패했을 때, 계획이 실패한 것이지 당신이 실패자가 아니라고 생각한다면 당신은 성공할 수 있다.

영국이 위기에 처해 있을 때, 처칠은 끈기와 헌신, 그리고 분투노력 하라고 영국민에게 호소하여 위기를 극복하였던 것이다.

그리스의 유명한 웅변가 데모스테네스는 웅변가가 되기 전에는 말주변이 없는 사람이었다. 그는 아버지로부터 유산을 받았기 때문에 부자로 살수도 있었다. 그러나 그리스 법에는 재산에 대한 권리를 대중 앞에서 상세히 설명할 수 있는 사람만이 자기의 재산을 가질 수 있다.

그는 말주변이 없었기 때문에 자기 재산마저 모조리 잃게 될 처지에 놓이게 되었다. 그래서 그는 유명한 웅변가가 되기로 결심한 후 열심히 연습하고 노력한 끝에 세계적으로 유명한 웅변가가 된 것이다. 한 번 실패했다고 해서 실패자가 아니다. 그러나 실패한 상태에서 계속 머물러 있으면 실패자이다.

■ 준비된 사람만이 성공의 기회를 발견한다

세상에서 실패를 경험하지 않은 사람은 한 사람도 없다. 최선의 노력을 했을 경우 실패했을 때에는 절대로 포기할 필요가 없다. 다른 계획을 세워서 시작하라.

두 번의 큰 실패에도 불구하고 미국의 대통령이 된 헨리 S.트루만의 이야기를 소개하겠다.

그는 석유업에 종사하다가 실패한 후 자기 주식을 친구에게 팔았다. 그 회사는 그 후 번창했다. 그 후 트루만은 다시 피복 업에 종사했으나 전번의 실패보다도 더 참담한 실패를 맛보았다. 그러나 그는 실망하지 않고 정치에 투신하여 마침내 미국의 대통령이 되었다. 그는 실패를 했을 때 그것은 하나의 계획이 실패한 것이지 자기가 실패한 것이 아니라고 생각했던 것이다.

끈기를 가진 사람은 일시적인 실패에도 불구하고 계속 발전할 수가 있다. 계속 일하고 노력하는 사람을 막을 사람은 없다.

준비된 사람만이 성공의 기회를 발견할 수가 있다. 준비된 사람이란 어떤 일이 있어도 끈기로 밀고 나가는 사람을 말한다.

「이 세상에 끈기보다 강한 것은 없다. 재능도 그것을 이기지 못한다. 이 세상에는 재능을 가지고도 성공치 못한 사람들이 많기 때문이다. 천재도 끈기 있는 사람을 이길 수 없다. 천재라도 대성하지 못한 사람이 많다. 교육을 많이 받고도 출세하지 못한 사람이 많기 때문이다. 성공과 실패를 좌우하는 것은 끈기와 결단 그리고 남보다 열심히 일하는 것이다.」

켈빈 클리저의 말이다. 참으로 명심해야 할 말이다.

장애물을 극복할 수 있는 끈기

인생을 살다 보면 우리는 종종 피곤을 느끼고 실망하고 좌절할 때가 있다. 그러나 심리학자 윌리암 제임스에 의하면, 우리에게는 두 번, 세 번이 아니라 일곱 번이라도 다시 도전할 잠재력이 있다고 한다. 그러나 당신이 그 잠재력을 활용하지 않는다면, 그것은 쓸모가 없는 것이 된다.

세계적으로 유명한 첼로 연주자는 유명한 음악가가 된 후에도 하루에 16시간씩 연습을 했다고 한다. 사람들이 그에게 왜 그렇게 열심히 하느냐고 묻자, 그는 이렇게 대답했다고 한다.

『계속 꾸준히 노력해야만 발전할 수 있다고 생각하기 때문이오.』

성공할 수 있는 기회가 당신을 찾아오도록 기다리는 사람이 되지 말고 기회를 창조하는 사람이 되어야 한다.

쇠는 뜨거울 때 두드리라는 말이 있다. 그러나 두드릴 수 있도록 쇠를 뜨겁게 만드는 사람이 성공하는 사람이다.

끈기와 노력은 매우 중요한 것이다. 당신이 끈기 있게 열심히 노력하면서 당신의 재능을 개발한다면 당신은 분명히 성공할 것이다.

노력하지 않고 기회만 엿보면 끝내 파멸되고 말 것이다.

펌프의 교훈

나는 강연할 때마다 물 펌프 이야기를 즐겨한다. 내가 이 이야기를 특별히 좋아하는 것은, 이 이야기는 자유기업의 본질을 나타내는 이야기며, 더 나아가서 인생의 교훈을 나타내는 이야기이기 때문이다. 이제 펌프 이야기를 독자에게 들려주겠다.

10여년 전에 나의 두 친구는 차를 타고 남알라버마의 산중턱을 올라가고 있었다. 때는 무더운 8월이었다. 그들은 목이 말랐다.

그래서 그들은 폐허가 된 농가 근처에 차를 세웠다. 차에서 뛰어내려 펌프가 있는 곳으로 달려가 펌프의 손잡이를 잡고 펌프질을 했다. 아무리 펌프질을 해도 물이 나오지 않았다. 그때 그는 옆에 있는 친구에게 대야를 가지고 부근의 냇가를 찾아가서 물을 떠오라고 하였다. 그 친구가 의아한 얼굴로 바라보자 펌프 손잡이를 잡고 있던 친구가 「펌프에 물을 부어야 물이 나온다」고 말했다.

인생도 마찬가지이다. 다른 사람으로부터 무엇을 얻으려고 하면 당신이 먼저 무엇을 그에게 주어야 한다.

일해야 돈을 받을 수 있다 당신이 대가를 지불해야만 대성할 수 있다. 그러나 많은 사람들이 그런 노력과 대가를 지불하지 않으려고 한다. 어떻게 손쉽게 얻을 수 있는 방법이 없을까를 궁리한다. 그리고 다른 사람이 먼저 자기 자신을 승진시켜 주거나 대우를 해 주어야만 그만한 노력을 하겠다고 생각한다.

농부는 봄에 밭이나 논에 씨앗을 뿌려야만 가을에 추수를 기대할 수 있다. 그리고 추수하기 전에 많은 노력을 해야 한다.

학생도 마찬가지이다. 학생은 지식과 졸업장을 얻기 전에 많은 공부를 해야 한다.

사무관리자나 책임자가 되려는 사원은 잡다한 많은 일을 처리해야한다. 앞으로 사장이 되려는 중견간부는 남보다 배로 일해야 할 것이다. 보상의 법칙에 의해 당신이 인생 속에 무엇을 집어넣어야 그 속에서 무엇을 캐낼 수 있다는 사실을 명심해야 한다.

🔲 중단하는 자는 실패자이다

다시 펌프 이야기로 돌아가자. 펌프질을 얼마동안 해도 물이 나오지 않았다. 그때 물을 길어온 친구는 이제 이 펌프에서 물이 나오지 않는다고 생각하고 중단할 것을 요구했다. 그러자 펌프질을 하던 친구는 「지금 중지해서는 안 된다. 만일 지금 중지한다면 올라오던 물이 다시 우물로 돌아간다. 그러면 우리는 처음부터 다시 시작해야 돼.」

그렇다. 인생 역시 중단하면 실패한다. 중단하는 자는 승리자가 될 수 없다.

사람은 누구나 중도에 포기하고 싶을 때가 있다. 왜냐 하면 우물에 물이 없는 것처럼 보이기 때문이다. 이런 때일수록 당신은 더 분투 노력해야 한다.

한 번 더 시도하라

밖에서 보아서는 펌프질을 얼마나 더 해야 물이 나올 수 있는지 판단할 수 없다. 인생이라는 게임에서도 내일 이 일이 실패로 끝날지. 1주일 후에 어떤 일이 일어날지 알 수 없다.

그러나 당신이 무엇을 하든지, 열심히 끈기 있게 노력한다면, 조만간 노력의 대가가 올 것이다. 한번 물이 나오기 시작하면, 계속 펌프질만 하면 물이 충분히 쓸 만큼 나올 것이다.

우리는 이 펌프 이야기가. 나타내는 메시지를 이해 할 수 있다. 무엇을 하든, 무슨 일을 하든, 지구력과 끈기를 가지고 꾸준히 하면 성공의 문이 열린다는 것이다. 당신이 학생이든, 회사원이든, 아니면 세일즈맨이든, 한 번 물줄기를 얻으면 그때부터 약간의 노력으로도 그것을 유지할 수가 있다.

나는 펌프의 비유가 인생을 나타내는 것이라고 생각한다. 이 비유는 연령과 종교, 인종에 관계없이 모든 인류에게 해당된다고 믿고 있다.

당신이 정상을 향해서 달려갈 때, 이 펌프의 이야기가 나타내는 메시지를 기억하기 바란다. 아무리 힘이 들더라도 물이 나올 때까지는 열심히 계속하여야 한다. 그러면 결과는 기대한 것 이상으로 나타날 것이다.

일

백년을 살 것처럼 일하고
내일 죽을 것처럼 기도하라.

벤자민프랭클린

3. 한가지 일에 몰두하라

목표에 전념한다
왕성한 의욕과 강인한 정신력
일에 기쁨을 느껴라
긍정적인 스트레스도 있다
철저히 몰두하라

독자에게 드리는 질문

당신은 열심히 노력하고 있는가? 그럼에도 불구하고 당신이 원하는 것을 소유하지 못하고 있지 않은가?

열심히 일한다고 하는 것은 매주 40~50시간 동안 일하고 휴일이면 집에서 쉬는 정도를 의미한다.

흔히 성공한 사람들은 매우 열심히 노력한다고 말한다. 그때 그들은 매주 70~80시간 또는 그 이상으로 노력하고 일에 애착을 가진다. 그리고 다른 사람이 불가능하다고 생각하는 목표를 향해 계속 생각하고 노력한다. 이것이 바로 한 가지 일에 전념하는 것이다. 독자들은 이 글을 통해서 완전한 전념의 비결을 배우기 바란다.

▦ 목표에 전념한다

당신은 성공을 위해 열심히 노력하고 있는가? 당신이 목표에 쏟는 시간과 에너지에 대해 불만은 없는가?

대그룹의 경영진을 상대로 조사한 어느 보고서에 의하면, 그들은 자신의 능력을 최고로 발휘하려는 욕구가 보통 사람들보다도 월등히 강했으며, 또한 일에 전념하는 특징이 어느 누구보다도 뛰어났다는 점이다.

그들은 매주 60~80시간씩 일하는 것이 보통이고 때로는 100시간씩 일한다. 그들은 자신이 하고 있는 일이 성공할 것을 확신하기 때문에 더욱 더 몰두할 수 있는 것이다.

완전한 전념, 그것은 성공자의 공통분모이다. 그 중요성은 아무리 강조해도 지나치지 않을 것이다.

▦ 왕성한 의욕과 강인한 정신력

성공한 사람들은 왕성한 의욕과 강인한 정신력, 그리고 탁월한 건강을 지니고 있었다.

정상에 오르려면 힘이 필요하다. 그것은 에베레스트의 정상이든 기업에서의 정상이든 상관이 없다. 열심히 오르다가 보면 빨리 피곤해지고 쉽게 에너지가 소모된다. 이러한 사람들은 목표를 재검토할 필요가 있다.

선천적으로 체질이 약한 사람은 큰 기업의 회장이 되기보다 조그마한 사업의 책임자가 되고자 노력해야 한다. 물론 그 작은 목표도 보람되고 만족스러울 수 있다. 작은 사업의 성공에서 만족을 느끼는 사람들은 보다 풍요로운 생활도 누릴 수 있다. 그들은 책을 읽거나 가족과 등산을 하면서 평범한 행복을 누린다.

그러나 무한한 힘이 있고 야심을 가진 사람들은 작은 것에 만족하지 않으며 목표를 행해 전력하는 것을 희생으로 생각하지 않는다. 오히려 그런 일을 했다는 것에 긍지와 행복감을 느낀다.

보통사람들의 눈에는 철저히 전념하는 그들이 마치 정신병자로 보이기까지 할 것이다. 일의 노예라고 혹평까지 한다. 그러나 그들은 자신이 원하는 것을 하고, 그 일에 애착을 느껴서 전념할 뿐이다. 그들은 성공하려고 노력하는 사람들이다. 그들은 항상 다른 사람들보다 더 높이 오르려고 한다. 그들이 원하는 권력이나 명성은 그들에게 있어서 「넘치는 기쁨」이 되는 것이다.

일에 기쁨을 느껴라

그러면 「넘치는 기쁨」이란 무엇을 의미하는가?

「일에 완전히 전념하고 몰두할 때 나타나는 감정」이라고 말한다. 당신이 하는 일에 기쁨을 느낄 때, 그 일에 대한 노력은 누구의 지시 없이도 계속된다. 서두르지도 않는다. 주위에 신경 쓰지도 않는다. 순간 순간 모든 일이 물 흐르듯 흘러간다. 미래에 대해서도 걱정하지 않는다. 당신 자신과 하고 있는 일 사이에 어떤 구별이 없이 그야말로 일체가 되는 것이다. 이러한 상태가 되면 당신은 더욱 여유를 갖게 되고 정력적이고 새로운 의욕을 느낀다. 당신의 집중력은 배가된다.

당신은 일이 자신과 자신의 세계를 지배하고 있다고 느끼게 된다. 그리고 그러한 경지에서 당신은 행복을 느끼게 된다.

여기에서 다시 한 번 강조하고 싶은 것은 도전할만한 가치가 있는 일에 최대한의 힘으로 노력하라는 것이다. 그리고 그 일은 당신이 해낼 수 있는 것이라야 한다. 그때 어제 했던 것보다 오늘 더 훌륭하게 일을 하고 있다는 것을 깨닫게 될 것이다.

대개 어떤 일에 대한 집중력은 단 시간에 이루어지지 않는다. 당신이 주위의 산만한 것에 사로잡히게 되면 집중은 불가능하다.

당신은 효과적으로 자신을 다스릴 수 있다. 그 때는 그 일에 기쁨을 가지고 몰두할 수 있게 된다.

먼저 과거 어떤 일에 몰두 했었는가를 기억해 보라. 거기에 누구나 다 적용할 수 있는 공통적인 요소가 있다. 그런 요소를 깨닫게 되면 당신은 지금 하는 일에 즐거움을 가지고 전념할 수 있을 것이다.

누구든지 늘 집중된 상태에 있을 수는 없다. 또 그렇게 쉽게 그런 일이 있어서도 안 된다. 아무튼 그러한 집중으로부터 얻어지는 쾌감은 얼마동안 지속되기 마련이다.

어떤 일에 몰두한다는 것은 꼭 일에만 한정되는 것은 아니며, 집중력이 필요한 것에는 모두 적용할 수 있다. 그것은 어떤 것에 완전히 전념함으로써 얻어지는 황홀감, 즉 도취감의 상태이다.

간혹 집중력은 스트레스를 일으키는데 모든 신경이 극도로 예민해져 있기 때문이다. 그러나 그 정도는 오히려 유익할 수도 있다.

연구에 의하면 성공자들은 우선 건강이 실패자나 보통사람들 보다 탁월하다.

▨ 긍정적인 스트레스도 있다

흔히 「스트레스」 하면 어떤 질병을 연상하게 되고 심신이 쇠약해지는 것을 생각하지만 오히려 건강을 위한 긍정적인 요소도 있다. 물론 신경쇠약을 가져다주는 스트레스도 있긴 하지만.

성공자들은 어떤 일에 직면하여 느끼는 스트레스를 오히려 보람으로 느낀다. 그들은 「능히 이겨낼 수 있는 위험」에서 오히려 매력을 느낀다. 그래서 그러한 일을 즐겨 찾는다. 그들에게는 에너지가 넘쳐흐르기 때문이다.

그들이 적극적으로 활동할 때는 에너지가 넘쳐흐른다. 적극적으로 활동할 때, 더욱 생기를 느낀다.

적극적인 사람은 수동적인 사람보다 훨씬 머리 회전이 빠르다. 적극적인 사람의 신체 역시 보통사람의 신체 보다 더 활기차다. 따라서 스트레스 역시 오히려 유익하게 활동해 간다. 그리고 어떤 변화가 있을 경우 오히려 그 변화를 유익하게 만들어 버린다. 물론 스트레스가 너무 지나치면 위험한 것은 당연하다.

집중력 역시 도가 지나치면 위험할 수도 있다. 그러나 그것을 걱정할 필요는 없다. 당신의 신체는 스스로를 보호할 능력이 있기 때문이다. 불건전한 스트레스를 일으킬 만큼 비합리적인 집중력에 빠지지는 않는다.

▨ 철저히 몰두하라

완전한 헌신은 꼭 열심히 일하는 것만을 의미하지 않는다. 그것은 일에 대한 온전한 몰두를 말한다.

만약 당신이 생활에서 진정 무엇을 원하는가를 알고 거기에 온전히 몰두하게 된다면 기회는 꼭 주어질 것이다.

세상에는 게으름뱅이도 많다. 정력과 욕망은 가졌으면서도 생각만으로 그친 사람들이 많다. 게으름 때문에 후회하는 일이 없도록 새롭게 결심하라.

완전하게 집중하는 일이야 말로 바로 성공할 수 있는 최선의 방법이다. 당신이 하는 일″ 최선을 다하라. 노력한 만큼 당신의 목표가 이루어질 것이다.

4. 기회는 이렇게 잡는다

당신이 바로 그 기회이다
기회를 창조하라
기회는 다른 사람에게만 있는 것이 아니다
기회의 문은 닫혀 있지 않다
기회를 찾는 방법이 있다
기회와 자존심

독자에게 드리는 질문

당신은 지금까지 놓친 기회를 모조리 열거할 수 있는가? 주어진 기회를 잡지 못했다고 해서 놓친 기회를 아쉬워하고 있는가? 기회가 주어졌을 때 그 기회를 활용할 수 있는 능력과 힘을 가지고 있는가?

이런 것은 사실 그렇게 중요한 문제가 아니다. 중요한 것은 비행기가 활주로를 달려 이륙하고 있는데 당신은 여전히 탑승구에 남아 있다는 사실이다.

기회란 도대체 무엇이며, 언제 문을 두드리게 되는가? 이제 다음장에 정신을 집중시켜 주기 바란다.

당신이 바로 그 기회이다

　기회란 무엇인가? 바로 당신이 기회이다. 즉 당신 자신이 스스로의 운명을 개척하는 문을 두드려야 한다. 당신은 기회를 깨닫고 그 기회를 붙잡을 수 있는 준비를 해야 한다. 당신의 능력을 개발시키고 당신의 이미지를 만들어야 한다. 그럼으로써 자존심은 더욱 높아지고 활기에 넘친 삶을 살 수 있게 된다.

　기회가 주어질 수 있는 영역은 광범위하다. 흔히 재정적인 성공이나 직장에서의 성공만을 생각하고 그 기회를 한정시켜 생각하는 경향이 있는데 기회는 어떤 조건하에서도 주어질 수 있다. 또 기회는 부정적인 감정을 피해간다. 기회는 권위의식이나 편협된 생각이나 기만된 행동에서 얻어지는 것이 결코 아니다.

　기회는 긴장이나 갈등 아래서도 혼자 힘으로 자신감을 발견하려고 애쓸 때 얻어진다. 자신감은 급변하고 복잡한 이 세상에서 당신에게 내적인 평화와 안도감을 가져다 줄 것이다.

　당신이 생산적인 목표에 전념할 수 있는 최상의 기회는 꼭 주어진다. 단 거기에는 조건이 있다. 그 목표를 달성하는데 당신의 능력을 최대한 활용해야 한다는 것이다.

　당신의 자존심을 높여 스스로의 힘을 개발시킬 때, 당신은 행동으로 옮기게 되고, 적절한 시기에 기회를 붙잡게 된다.

　당신은 당신의 사고(思考)능력을 배양하고 활용할 때, 무한히 뻗어나가게 된다. 내적인 힘이 먼저 갖추어져야 성공과 행복이라는 당신의 목표를 향해 나아갈 수 있게 된다.

기회를 창조하라

스스로 기회를 창조해야 한다. 기회를 향해 자신감 있게 나갈 수 있는 능력을 개발해야 한다. 위기를 기회로, 패배를 성공으로, 좌절을 성취감으로 바꿀 수 있어야 한다.

그러면 어떻게 해야 그것이 가능할까?

그것은 보이지 않는 당신의 훌륭한 무기로서만이 가능하다. 그 무기란 스스로에 대해 좋은 이미지를 가지며 최선의 삶을 살겠다는 결심이다. 당신만이 당신 자신을 좌우한다는 것을 잊어서는 안된다.

당신은 기회를 최대한 활용할 수 있는 권리가 있다. 그러기 위해서는 많은 노력을 해야 한다. 그것은 자신을 과소평가하지 않고 스스로를 높여줄 때 가능하다. 동시에 다른 사람의 생각에 대해 불안해하거나 닥쳐올지 모르는 여러 가지 재난을 생각하지 않아야 한다. 오직 창조적이고 창의적인 힘을 개발하는데 몰두해야 한다.

당신은 불행했던 과거를 생각하며 번민 하기 보다는 주어진 기회를 생각해야 한다. 당신에게는 분명히 여러 가지 한계가 있다. 때로는 좌절감을 느낄 것이다. 그러나 당신에게도 다른 사람에게 주어지는 기회와 똑같은 기회가 주어진다. 따라서 창조적인 힘을 발휘할 수 있도록 노력해야 한다.

기회는 다른 사람에게만 있는 것이 아니다

많은 사람들이 이 기회에 대해서 고민한다.

「다른 친구는 기회를 잡았는데 나에게는 그런 기회가 없다.」

「나에게는 이런 약점이 있어서 어떤 일을 시작하기도 전에 실패할 것 같다.」

이런 말들은 바로 패배자의 변명이다. 무엇보다도 먼저 이런 부정적인 사고를 극복해야 한다. 그렇지 않으면 언제나 기회의 문을 스스로 닫게 된다.

기회는 다른 사람을 위해서 있는 것이 아니다. 바로 당신을 위해서 있는 것이다. 당신이 그 기회를 받아들이고 환영할 때 그 기회는 당신 곁에 머물게 된다. 어떤 식물도 물을 주지 않거나 충분한 햇빛을 받지 못하면 시들어 죽어버린다. 기회도 마찬가지이다. 기회가 당신 곁을 떠나지 않도록 하라. 주어진 기회를 부정적인 사고 방식으로 쫓지 않도록 하라.

많은 사람들이 모여 앉아 불만불평을 하거나 누군가를 시기하곤 한다. 만일 그들이 헬렌 켈러와 같은 이들에 대해 듣는다면 그 사람은 예외라고 말할 것이다.

헬렌 켈러는 기회를 붙잡기 위해 이루 말할 수 없는 불운들을 극복했다. 사실 헬렌 켈러의 불행은 너무 극심해서 특별한 경우라는 생각은 든다.

보편적으로 기회를 포착하여 그것을 활용하여 성공한 사람들은 거의가 좋은 환경에 있는 사람은 아니었다.

이것은 어느 조사 결과에 나타난 것인데 성공자들의 4분의 3이 바로 그런 어려움을 극복했던 사람들이다. 젊은 시절, 비극과 좌절에 빠진 일이 있었지만 그 어려움을 극복하고 이겨낸 사람들이다.

불리한 조건을 극복하고 성공한 사람의 대표적인 예로 토마스 에디슨과 엘리노 루즈벨트를 들 수 있다.

기회는 다른 사람을 위해서 있는 것이 아님을 기억하라. 기회는 당신의 것이다.

기회의 문은 닫혀 있지 않다

당신은 자주 기회의 문을 닫아 버린다. 참으로 불행한 일이다. 이러한 일이 없도록 대비하기 위해 한 예를 소개하겠다.

어떤 의사가 성형외과로 전업하기 위해서 성형외과의 유명한 박사를 찾아갔다.

『제가 박사님 수술하는 것을 보아도 괜찮을까요?』

그가 박사에게 물었다.

『좋지요. 내일 아침 8시에 수술이 시작됩니다.』

그는 오전 8시에 오겠다고 말했다. 그는 8시에 왔다. 수술을 지켜 본 그는 매력 있는 일이라고 말했다. 그래서 그 박사는 그를 지도해 주기로 했다.

그는 성형외과 의사의 일에 대해 보람과 긍지감을 느끼면서 돌아왔다. 그런데 다음 날 아침, 그는 가지 않았다. 그 다음 날도 또 그 다음 날도…

며칠이 지난 후 그 젊은이가 박사의 방문을 두드렸다.

『자네는 그 동안 어디 있었는가?』

박사가 그에게 물었다.

『그만 늦잠을 잤습니다.』

그는 졸린 목소리로 말을 이었다.

『깨어나서 시계를 보니 너무 늦은 것 같아서 오지 않았습니다.』

『그런 자세로는 배울 수 없네.』

박사는 단호하게 말했다.

그 젊은 의사는 성형외과 일에 대해 매력을 느꼈지만, 필요한 일을 하지는 않았다.

당신도 그런 기회를 소홀히 다루어 성공할 수 있는 찬스를 그만 잃지는 않았는가?

기회를 찾는 방법이 있다

「완전」이란 있을 수 없다. 당신은 완전한 것을 추구해서는 안 된다. 이 세상에서는 무언가 이룩할 수 있는 기회들이 무수히 많다.

당신은 기회로 가득 찬 세상에 살고 있다. 새로운 기회가 눈앞에 있으며, 당신은 지금도 앞을 바라보고 나아갈 수 있다. 새로운 기회가 당신을 기다린다. 그 기회를 향해 나아가라. 새로운 기회를 향해 나아갈 수 있는 방법 몇 가지를 소개하겠다.

적색신호에 유의한다

여기에서 말하는 적색 신호란 정신적 신호이다. 이 신호를 보았을 때 당신은 무조건 기다려야 한다. 그리고 그때 당신은 다음과 같이 자문해 보라.

「나는 위험한 곳으로 가고 있지는 않은가?」

「나 자신에 대한 평가는 좋은가?」

「내가 나 자신을 무가치한 존재로 생각하기 때문에 적색 신호에 걸린 것이 아닌가?」

지난 일을 염려하는 일에 당신의 에너지를 소비해서는 안 된다. 당신의 감정을 잘 간수하여 목적하는 곳으로 조종해 나가야 한다.

당신의 마음 속에「적색신호」가 잠시 정지하기를 요구한다면 멈추어라. 그러나 부정적인 감정으로 인해 기회를 향해 전진하지 못하고 있다면 적색신호를 청색신호로 바꾸어야 한다.

적색신호 때는 잠시 멈추어 섰다가 다시 나아가라. 이것이 목표를 향해 나아가는 중요한 방법이기도 하다.

목표를 향해 출발하는 지금 과거에 성공했던 일을 기억하라. 그리고 그 목표가 달성되고 있는 모습을 마음속에 그려보는 것이다. 그러면 성공이 머리 속에서 선명하게 나타나 과거의 성공이 자극제가 되어 미래의 성공이 현실화 될 것이다. 멈추었다가 다시 전진하라.

현재를 보라

과거는 지나갔고 미래는 불확실하다. 그러나 현재는 당신의 것이다.

당신의 기회는 바로 현재에 있다. 이 기회를 놓쳐서는 안 된다. 기회는 지금 다가온다.

당신이 과거에 사로잡혀, 과거의 실수나 비극에서 벗어나지 못하면 지금의 기회는 영원히 당신의 것이 될 수 없다.

과거의 불행을 잊고 현재 주어진 기회를 다시 보라.

기회란 현재의 애매 모호한 순간, 즉 다음주나 다음 달이 아니라 바로 오늘 이 순간을 의미한다.

과거가 결코 장애물은 아니다. 장애물은 내일로 미루는 사고방식이다. 무엇이든지 내일로 미루려고 할 때, 내일은 당신에게 장애가 된다.

내일에 대한 동경은 비현실적이고 부정적인 것으로 작용한다. 특히 내일 누군가가 당신을 도울 것이라는 환상을 갖거나 기적이 일어나겠지 하는 막연한 기대를 갖게 될 때, 내일은 당신에게 걸림돌이 된다. 성공할 수 있다는 자신감과 막연히 기적을 기다리는 마음과는 전혀 다른 것이다.

자신을 과소평가하지 않는다

대부분의 사람들은 자신을 지나치게 과소평가 한다.

현재 당신은 백만장자도 아니고, 저명인사도 아니며, 우주비행사도 아닐 것이다. 그러나 당신은 그보다 더 위대한 인물이 될 수 있다.

현재 당신이 하는 일이 무엇이든지 상관없다. 용기와 자신감을 가져라. 당신은 위대한 존재가 될 수 있다.

자신을 절대로 과소평가해서는 성공할 수 없다. 자신을 현재 있는 그대로 받아들여야 한다. 그래야만 기회를 맞이할 수 있다.

기회를 향해 적극적으로 움직이지도 못하며, 그 기회를 붙잡을 가치가 없다고 자학하지 말라. 당신에게 기회는 반드시 찾아온다.

건설적인 목표를 세워라

오늘날에는 많은 부정과 폭력과 냉소주의가 범람하고 있다. 세상이 그럴지라도, 건설적인 목표를 세워야 한다.

부모 없는 아이를 남모르게 키우는 양부모, 조용히 연구실에서 첨단과학을 위해서 연구하는 연구원들, 도서관에서 이른 새벽부터 밤늦도록 공부하는 학생들, 내일을 위해 묵묵히 자기 일에 몰두하는 직장인들, 이 모두가 이 사회의 희망이다. 그들은 모두 건설적인 목표를 가지고 현실에서 열심히 일하고 있다.

우리는 모두 기회를 향해 전진해야 한다.

위기에 굴복하지 말라

위기가 닥쳐와도 굴복하지 말라. 침착하게 대처하라. 위기는 오히려 창조적인 기회로 전환될 수 있다.

당신이 지금까지 세운 이미지를 포기하지 말라. 어떤 경우에도 자신을 높여라.

과거에 이룩한 성취를 마음 속에 기억하고 어떤 실패가 오더라도 자신에 대한 신뢰를 버리지 말아야 한다. 실패가 닥치더라도 침착하고 용기 있게 다시 일어나야 한다. 포기하지 말라. 넘어지지 말라. 그러면 성공의 그 날이 오기까지 자신을 지켜나갈 수 있다.

거울 속의 당신을 보라. 그리고 자신을 긍정적으로 인정하라.

거울 속의 그 친구는 바로 당신이다. 특히 위기에 직면할 경우 당신을 지켜주는 것은 바로 당신임을 잊어서는 안 된다.

그러나 자기도취나 자만하지 말라.

조용히 자신을 생각해 보라. 과거에 극복한 여러 가지 위기를 생각해 보라. 성공적으로, 슬기롭게 넘긴 위기의 기억들을 생각해 보라.

당신 자신을 무시하지 말라.

▦ 기회와 자존심

기회는 지금도 무한히 열려 있다. 그중 어떤 기회는 우리 마음속에 확고하게 자리 잡은 후에 행동으로 나타나는 경우가 있다.

당신에게 주어질 여러 가지 기회는 스스로에 대해서 신뢰하며 존경심을 가질 때 주어진다. 우리의 문화적 배경이나 제도를 존경하는 것만으로 충분하지 않다. 건전하게 기회를 포착하고 그것을 최대한으로 이용하기 위해서는 먼저 당신 자신을 존중해야 한다.

우리 인간은 복잡한 세상을 살아가면서 여러 가지 문제와 질병, 뜻하지 않는 사고 등으로 좌절하기도 하고 때로는 타협하며, 또 자신을 포기하기도 한다.

그러나 포기해서는 안 된다. 포기는 곧 실패를 자초하는 것이다. 자신에 대해 분노하지 말고 더 많은 애착을 가져야 한다.

겁쟁이가 되지 말고 용기 있는 사람이 되어야 한다. 당신의 무능력이나 불가능한 것을 생각하지 말고 주어진 자신을 생각하라.

자신에게 주어질 그 기회에 대해 적극적인 자세를 취해야 한다. 기회는 당신의 삶을 부유케 하고 자존심을 높여줄 것이다.

현재 당신은 좌절감이란 부정적인 생각에 취해 있음으로써 실패를 자초하지 않는가? 아니면 확신을 가지고 긍정적인 자세로 정상을 향해 전진하고 있는가?

마음의 문을 활짝 열고 모든 것을 긍정적으로 바라보면서 당신 자신을 높여라. 그리고 오늘이라는 기회를 놓치지 않도록, 최선을 다하라.

5. 오늘 일을 내일로 미루지 말라

독자에게 드리는 질문

당신에겐 해야 할 일이 많은가?

당신은 오늘 하루 스케줄을 짜면서 실천 불가능한 계획을 세우지는 않았는가? 그래서 오늘 할 일을 내일로 미루지 않았는가?

성공하는 데 무엇이 가장 방해가 되는가? 그것에 대해 당신은 어떻게 대처하고 있는가?

당신은 계획한 것보다 더 많은 것을 남에게 주고 있지는 않은가?

일을 뒤로 미루는 이유

일을 미루는 사람들이 흔히 하는 얘기가 있다.

• 나는 일이 잘 되기를 희망한다.
• 나는 일이 나아지기를 바란다.

당신은 이 말에 공감하는가? 그러나 당신이 「바란다, 희망한다」라는 말을 하는 동안에는 그 일은 결코 할 수 없을 것이다. 그저 막연히 바란다거나, 희망한다거나 하는 일은 기적과 같이 요정의 나라에서나 있을 수 있는 일이다.

오늘 할 일을 미루지 말고 당장 실천하라.

이루고자 하는 어떤 것도 당신은 해 낼 수 있다. 당신은 능력 있고, 담대하고, 나약하지 않다. 그런데도 내일로 일을 미룸으로써 도피, 자기불신, 자기도취에 빠져 버리고 마는 것이다. 연기는 당신의 현재를 약화시키며, 언제까지고 잘 될 것이라는 어리석음에 빠져들게 할 뿐이다.

생활의 방편이 된 타성

최근 나를 찾아온 환자 중에 마크라는 사람이 있었다. 그는 불행한 결혼생활에 대해 불평을 늘어놓았다. 그의 나이는 50세였는데 30여 년 간의 결혼생활을 했다고 말했다. 그와 대화를 나누는 동안 얻어낸 분명한 사실은 그의 불평이 오랫동안 쌓여 왔다는 것이다.

『결혼생활은 시작부터 좋지 않았습니다.』

이어서 그는 말했다.

『그런데도 앞으로 나아지겠지 생각하고 기다려왔지요.』

그러나 30년 동안 그 희망은 이루어지지 않았고 여전히 비참했다.

나는 그와 좀더 구체적으로 이야기했다. 그는 10년 전의 중요한 한 사건을 말했고, 나는 그에게 그 문제를 해결하고자 도움을 구한 적이 있었느냐고 물었다.

『아닙니다.』

그는 단지 점점 더 부인을 피해갔고 그 문제가 저절로 해결되기를 바랐다.

마크의 그 결혼생활은 무기력한 타성의 좋은 표본이다. 그는 항상 「아무 일을 하지 않는다 해도 시간이 지나면 저절로 해결되겠지」 하고 생각하면서 자신의 회피를 정당화시켰다. 그러나 상황은 그대로였다. 변한 것이 있다면 오직 주위 환경뿐 문제는 해결되지 않았다.

일(환경, 상황, 사건, 사람들)은 절대로 저절로 개선되지는 않는다. 만약 당신의 생활이 나아지고 있다면 그것은 당신이 그렇게 되도록 건설적인 일을 하고 있기 때문이다.

그렇다면 그 「미루는 행위」를 쉽게 해결할 방법은 없을까? 그것은 수고스러운 「정신적 노력」이 없이도 가능한 것이다. 왜냐 하면 미루는 행동은 당신 스스로 만든 것이기 때문이다. 결코 누군가의 강요에 의해서 만들어진 것이 아니다.

■ 미루는 습관은 왜 생기는가?

도날드 마퀴스는 미루는 일을 「어제에 집착하는 것」이라고 말했다

나는 이 말에 「오늘을 피하는 것」이라고 덧붙여 말하고 싶다. 바로 이것 때문에 미루게 된다.

당신은 해야 하는 어떤 일들이 있음을 알고 있다. 그것은 다른 사람이 그렇게 하라고 지시하지 않았으며 스스로 선택한 일 인줄도 알고 있다. 그러나 해야겠다고 늘 자신 있게 말하면서도 결코 실천하지 못한다.

당신이 지금 할 수 있는 일을 앞으로 할 것이라고 미루는 것은 자신을 기만하는 것이다. 당신은 실제로 자신이 해야 할 일을 하지 않음으로써 생길 비난이나, 좋지 못한 일을 해서 생길 비난이나, 좋지 못한 결과를 은근히 합리화시키려고 한다.

「나는 그것을 해야 한다는 것을 알고는 있다. 그러나 그 일이 잘되지 않을 까봐 걱정이 된다. 그리고 도중에 그 일이 싫어 질까봐 걱정이다. 그래서 나는 내 자신에게 앞으로 그 일을 할 것이라고 말한다. 그러나 나 자신은 그 일을 하지 않으리라는 것을 알며, 그것을 스스로 인정하기가 두렵다. 다만 그 일을 미루는 편이 낫다고 생각한다.」

이 말은 당신이 불쾌하거나 어려운 일을 해야만 할 때 나타나는 편리한 구실이다.

그러나 그렇게 미루는 것은 아무 의미가 없다 당신은 항상 미루면서 어떤 일도 하지 않기 때문이다.

물론 미루는 일도 언제까지 미루느냐 하는 정도의 차이는 있다. 어떤 일을 어느 선까지 미룰 수는 있다. 그러면서도 마감 일이 되

기 훨씬 전에 그 일을 마칠 수 있다. 그러나 그것도 자기기만의 일시적인 형태이다. 만약 당신이 일을 해야 할 시간을 미룬다면 그 일을 했다 해도 최고의 성과에 미치지 못할 경우가 많고 당신은 그 것을 정당화시키려고 한다.

그 때 그는 자신에게 이렇게 말한다.

「나는 충분한 시간을 가지지 못했다.」

그러나 당신은 충분한 시간을 가졌다. 당신은 바쁘게 뛰는 사람들이 보다 많은 일을 한다는 사실을 알고 있다 만일 해야 할 일에 관하여 불평만 하는데 시간을 보낸다면 당신은 그 일을 하는데 필요한 어떤 시간도 가지지 못할 것이다.

나의 옛 지인 한 사람은 미루는 일에 선수였다. 그는 많은 일들을 해야 한다고 떠들기만 한다. 그런 그를 보며 친구들은 그의 생활방식을 알기 때문에 피곤해 한다. 그가 거의 어떤 일도 하지 않는다는 사실을 알고 있다. 그는 마음속에 이루 헤아리기 어려운 많은 계획을 가지고 있지만 그 어떤 계획도 실행에 옮기려 한 적은 없다.

에머슨은 다음과 같이 말했다.

「말로써 그 일을 하지 말라. 당신의 웅변은 당신의 본 모습을 드러낸다. 따라서 당신의 이면은 알 수 없다.」

당신은 「다음 번엔 그 일을 할 것」이라고 말한다. 그러면서도 당신은 그 일을 할 수 없다는 것을 안다. 에머슨의 말이야말로 미루는 것을 고치는 최선의 방법이다.

비 평

 우리 주위에는 비평만 하는 사람들이 너무 많다. 사실 우리들도 그들의 비평에 자주 신경을 쓴다. 주위 사람들을 한번 보라. 많은 대화가 비평으로 이루어지고 있지 않은가? 왜 그럴까? 그것은 실제로 행동하기보다는 말하는 것이 더 편하기 때문이다.

 실제로 일하는 사람들은 누군가를 비평할 시간이 없다. 그들은 정신 없이 일하며 재능이 부족한 사람들을 도와줄 뿐 비평의 대상으로 삼지 않는다.

 물론 건설적인 비평은 장점도 있다. 그러나 행동으로 옮기지는 않고 비평만 하고 있다면 당신은 퇴보하고 있는 것이다. 더구나 당신은 누군가를 비평함으로써 당신 자신의 무능함에 대한 책임을 무마하려고 한다.

 오늘 일을 미루며 비평만 하는 사람이 되지 말고 행동하는 사람이 되어보지 않겠는가?

싫 증

 인생은 결코 짜증스럽지 않다. 그런데도 짜증스럽게 되는 일을 스스로 선택한다. 「싫증」이라는 말에는 성공적인 방법과 현재의 시간을 활용할 수 없는 무능력의 뜻도 포함된다.

 싫증은 선택이다. 그것은 당신 스스로가 만든 것이다. 당신 생활에서 능히 없앨 수 있는 자기 패배적인 요소이다. 언제까지고 일을 미룬다면 당신은 현재의 시간을 무익하게 보내게 된다. 아무 일도 하지 않으므로 싫증이 난다.

흔히 싫증을 환경의 탓으로 돌리는 경우가 있다. 「이 도시는 너무 답답하다」 또는 「얼마나 싫증나는 연사인가」 라는 식으로 말한다. 그 특별한 도시나 그 연사는 결코 답답하지 않다.

물론 당신은 싫증을 체험한 적이 있을 것이다. 그러나 그것은 다른 어떤 일을 해보거나 또는 에너지를 다른 데로 돌림으로써 싫증을 극복할 수 있다.

사무엘 버틀러는 말했다.

「자신을 싫증에 방치하는 사람은 비열한 사람보다 더 비난을 받을만하다.」

당신이 선택한 것을 지금 하라. 그리고 당신의 마음을 창조적인 생각으로 바꾸어라. 자신이 「싫증」을 선택하지 않을 수 있다는 확신을 가질 수 있다. 그 선택의 여부는 당신 자신에게 있다.

미루는 행동의 몇 가지 에

미루는 일이 행동하는 것보다 더 쉬운 경우가 있다.
- 현재 상태에서는 성장할 수 없다고 생각하면서 계속 그곳에서 일하는 경우
- 이미 악화된 관계에서 단순히 일이 잘 되기만을 바라는 경우
- 이성 관계나 수줍음, 또는 공포증과 같은 어려운 문제를 해결해야 할 때, 그저 기다리기만 할 뿐 해결에 힘쓰지 않는 경우
- 알콜 중독, 마약, 아편, 흡연 등을 「마음만 먹으면 끊을 수 있다」 라고 큰소리를 치지만 자신도 의심스럽기 때문에 끊을 것을 미루는 경우

- 세탁, 씨 뿌리기, 잔디 깎기, 페인트 칠 등과 같이 번거로운 일을 기다리기만 하면서 그 일이 저절로 되어지기만을 기다리는 경우
- 권위있는 사람이나 친구, 애인, 판매원과 같은 이들과 대면하기를 꺼려하는 경우, 사실 어떤 면에서는 실제로 부딪치므로서 관계를 호전시킨다는 것을 알면서도 미루는 경우
- 지리적인 위치를 바꾸는 것을 두려워하는 경우, 이 때 당신은 평생 한곳에서 머물러야 한다.
- 자녀들과 하루나 한 시간 정도 함께 보내는 일을 뒤로 미루는 경우 너무 일이 많다, 문제가 심각해서 꼼짝할 수 없다고 당신은 핑계를 댄다.
- 내일이나 다음 주에 식이요법을 시작해야 할 경우, 그 일을 못한다고 말하기보다는 「내일 할 것이다」라고 말한다. 하지만 결코 그 일은 실행되지 못한다. 왜냐하면 내일은 또 다시 내일로 미루기 때문이다.
- 졸음이 온다, 피곤하다는 말로 미루는 이유를 찾고자 할 경우가 있다. 흔히 귀찮거나 어려운 일을 대하면 피곤함을 핑계로 그 일을 미루게 된다.
- 불만감을 주거나 고통스러운 일과 마주치면 갑자기 몸이 좋지 않은 경우. 「이렇게 몸이 좋지 않은데 어떻게 일을 할 수 있겠는가?」라는 말을 할 경우. 앞의 경우처럼 몸이 좋지 않다는 것은 일을 미루는데 가장 좋은 구실이 된다.
- 「나는 그것을 할 시간이 없다.」라는 말을 할 경우. 당신은 바쁘다는 구실로 어떤 일을 하지 않고 그것을 정당화 시킨다. 그러나 어떤 경우에도 당신이 원하는 일을 할 여유는 있다.
- 어떤 문제에 있어서 건강 진단을 받아야 할 경우. 그것을 미룸으로써 병을 확인하기를 거부한다.
- 좋아하는 누군가에게 다가가기가 거북스러운 경우. 당신은 일이

잘 되기만을 바란다.
- 계획에 의해 일정하게 정한 목표를 행동으로 옮겨야 할 경우. 「나는 그것을 다음 주에 시작할 것이다.」 하고 말한다.
- 당신의 행복은 결국 자녀의 행복이다. 그 아이들에게 문제가 생겼을 때 문제 해결을 위한 「여유」가 있어야 하는데 그것을 늘 미룬다.

미루는 행위에 대한 해결 방법

- 생각할 수 있는 5분간의 여유를 가져라. 미래에 대해서 지나치게 생각하지 말고 현재 당신이 원하는 일에 대해서 5분간만 생각한 다음 미루는 일을 거부하라.
- 당신이 지금까지 미루어왔던 일을 시작하라. 그러면 미루는 일이 불필요하다는 것을 알게 될 것이다.
- 현재에 머무는 나쁜 습관을 고침으로써 당신이 하는 일에서 즐거움을 찾을 수 있다. 먼저 일을 시작함으로써 그 일에 대한 걱정을 없앨 수 있다.
- 자신에게 이렇게 반문해 보라. 「내가 미루고 있을 경우 나에게 손해가 있다면 그 손해는 무엇인가?」
  사실 그 손해라는 것은 아주 작은 것이며, 당신이 무시해도 좋을 것이다.
  당신이 걱정하고 있는 것을 따져 보라. 그러면 당신은 굳이 그 걱정에 얽매일 필요가 없다는 것을 깨닫게 될 것이다.
- 당신이 과거에서부터 지금까지 미루어왔던 일에 전적으로 매달릴 수 있는 시간을 구체적으로 정하라.

- 당신은 해야 할 일에 대해서 지레 걱정하고 살만큼 한가한 사람이 아니다. 일을 미루고 싶다는 생각이 들 때는 자신을 사랑하는 사람들은 일을 미룸으로써 그들 자신을 망치게 하지 않는다는 것을 기억하라.
- 현재의 당신을 주의 깊게 살펴보라. 현재 어떤 일을 대하고 있는가를 생각하고, 그 두려움을 효과적으로 없애도록 하라.
- 미루는 일은 현재의 일을 미래의 염려로 만든다. 만약 그 어떤 일이 현재의 일이라면 그 일을 바로 시작하라. 두려움이 사라진다.
- 당신을 퇴보시키고 있는 것은 바로 당신 자신이다. 당신이 지금까지 해온 것도 당신의 선택에 의해 이루어졌음을 잊지 말라. 당신은 당신이 생각하는 것보다 대담하고 능력이 있음을 믿으라.
- 과거의 지리한 관념에서 벗어나 창조적으로 당신의 생각을 활용하라. 당면한 문제에 불안감을 가질 필요가 없다. 자신감을 가져라.
- 당신의 삶을 냉정하게 판단하라. 만약 당신이 앞으로 6개월 밖에 살지 못한다면, 당신은 하고자 하는 일을 지금 하고 있는가? 만일 하지 못하고 있다면 하루빨리 시작하라. 그 시간은 당신이 가진 모든 시간이기 때문이다. 앞으로 30년 또는 6개월이 당신에게 주어진 시간의 전부라 해도 차이는 없다. 당신의 생은 하나의 점에 불과하다.
- 당신이 옛부터 지금까지 피해왔었던 일을 용기 있게 시도하라. 용기 있는 행동은 모든 두려움을 없애준다. 잘 해야겠다는 말은 하지 말라. 그보다는 그 일을 시작하는 것이 더욱 중요하다.

STEP 4

결단력이 승패를 좌우한다

결 · 단 · 력

나는 아무 결단도 내리지
못하는 것보다
설사 완벽한 결단이
아니더라도
그것을 실행하는 쪽을
택하겠다.
그렇다. 결단력 부족은 실패의
첫째 요인이기도 하다.
그러나 어떤 경우라도 너무
늦었다고 행각하지 말라.
오늘이야말로 당신에게 가장
값진 기회인 것이다.

나포레옹 힐

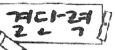

결단력

우리가 우리의 행위를 결정하는 만큼
우리의 행위는 우리를 결정한다.

조지엘리어트

1. 결단력이 있어야 성공한다

결단력 부족이 실패의 첫째원인
들을 줄 아는 사람이 되라
역사는 결단에 의해 이루어진다
결단엔 용기와 신념이 필요하다

독자에게 드리는 질문

당신은 좋은 의견이나 아이디어를 가지고 있으며, 그 의견을 당당하게 펴볼 정도로 결단력이 있는가? 당신은 소심하고 우유부단하여 결단을 내려야 할 시점에서 결단을 내리지 못하여 손해를 보거나 겁쟁이라는 소리를 들어본 적은 없는가?

결심은 무한한 힘을 내게 한다. 우유부단함은 흔히 젊은 시절에 시작된다. 어떻게 그것을 피할 것이며, 다른 삶을 어떻게 도울 것인가? 위대한 사건들을 분석해 보라. 그러면 당신도 결단력 있는 행동을 할 수 있을 것이다.

결단력 부족이 실패의 첫째 원인

　실패를 경험한 2만 5천명의 남녀를 정확하게 분석해서 실패의 주요 원인 30가지를 리스트로 작성해 보았다. 그런데 그 첫째 원인이 결단력의 부족이었다. 이것은 단순한 이론적인 설명이 아니라 실제 경험이 말해주는 것이다.

　결단의 반대는 우유 부단으로, 당신이 극복해야 할 첫째 과제가 우유 부단 이다.

　몇 백만 달러 이상의 재산을 번 재벌들이나 세상에 위대한 업적을 남긴 사람들을 분석한 결과, 이들 모두가 결단력이 강한 사람들이었음을 알게 된다.

　미국의 자동차 왕 헨리 포드의 특출 난 재능의 하나는 매우 빠르고 정확한 결단을 내리는 습관이었다. 포드의 이와 같은 재능은 특별한 것이어서 타고난 자질이라는 평판을 들을 정도이다. 그래서 포드가 T형 모델을 개발했을 때 수많은 고객을 비롯해서 그의 고문들이 모두 형(型)을 개조하도록 충고했음에도 불구하고, 끝내 변경하지 않고 계속 제조한 것도 그의 결단의 재능에 의한 것이었다.

　포드가 결심을 변경하는데 있어서 너무나 판단이 느렸는지도 모르지만 그것을 계속 고집하여 나갔다는 사실이 큰 재산을 이룩하는 원인이 되었던 것이다.

들을 줄 아는 사람이 되라

돈을 잘 벌거나 사회적으로 보람 있는 일을 하는 사람은 거의가 다른 사람의 의견에 간단하게 영향을 받는다. 이런 사람들은 신문 기자나 주위의 수다쟁이에게 「어떻게 하면 좋은지 당신이 좀 의견을 말해 주시오.」라는 말을 잘 한다.

의견이란 이 세상에서 가장 값싼 상품이다. 무슨 좋은 의견이 없을까 해서 이리 기웃 저리 기웃거려보면 사람을 움직일 수 있는 정도의, 그런 의견은 누구나 다 가지고 있는 법이다. 그러나 다른 사람의 의견에 의해 당신이 결단을 내리면, 당신은 결코 성공할 수 없으며, 당신의 욕망이나 희망을 실현시킬 수 없을 것이다. 다른 사람의 의견을 유심히 듣고 참고만 해야 한다는 애기다.

만일 당신이 다른 사람의 의견에 의해 지배되는 그러한 사람이라면, 당신은 욕망이 없는 사람이라는 결론이 나온다. 무슨 일이 있어도 당신 자신이 곰곰이 생각하여 결단을 내리도록 해야 한다.

당신은 두뇌와 마음을 가지고 있다. 그 두뇌와 마음을 사용하여 결단을 내림이 마땅하다

당신이 결단을 내리기 위해서 남으로부터 정보나 실제 지식을 얻으려 할 경우엔 목적을 밝히지 말고 필요한 정보나 지식을 가만히 들어보고 당신 것으로 만들어야 한다.

세상 사람들이란 대개가 몹시 말이 많아서 남이 하는 말을 전혀 들으려 하지 않는다. 빨리 결단을 내리는 습관을 터득하고 싶다면 당신은 눈과 귀를 크게 열어 놓는 대신 입을 꽉 다물고 있도록 해야 한다.

말이 많은 사람은 아무 일도 하지 못하는 사람이다. 당신이 남의 말을 듣는 편보다 자기 말을 하는 편이라면, 유익한 지식을 얻을

수 없을 뿐만 아니라, 당신을 꺽으려고 항상 노리고 있는 사람에게 목적과 내막을 폭로하고 마는 결과가 된다.

따라서 당신이 풍부한 지식을 가진 사람 앞에서 입을 여는 것은 그에게 당신이 정확한 지식의 소유자가 아니며, 지식이 부족한 사람이라는 것을 드러내 보이는 결과가 된다. 정말로 현명한 사람은 항상 의식적으로 겸손한 태도를 지으며 말이 없는 사람이다.

그리고 당신과 함께 일하고 있는 모든 사람들이 당신과 다름없이 돈을 만들 기회를 열심히 노리고 있는 사람들임을 잊지 말라. 만일 당신이 당신 계획을 너무나 노골적으로 털어놓는다면, 부주의하게 말한 계획을 당신보다 앞질러 실행함으로써 목표를 빼앗을 수가 있을 것이다. 일을 당하고 난 후에 억울해 한들 무슨 소용이 있겠는가?

따라서 당신이 최초의 결단을 내릴 때, 항상 입을 닫아 둔 채 귀와 눈을 크게 열어 놓아야 한다.

역사는 결단에 의해 이루어진다.

결단의 가치는 사람들에게 보답할 수 있는 용기에 의존한다.

위대한 결단은 가끔 죽음을 초래하는 커다란 모험으로 이루어진다.

흑인 노예들에게 자유를 부여한, 유명한 「노예해방선언」을 추구한 링컨의 결단은 그를 반대하는 수천 명의 친구나 정치적 지지자들에게 등을 돌린 행동이었다.

인간적인 신념과의 타협보다는 독약이 든 잔을 마셨던 소크라테스의 결단은 커다란 용기의 결단이었던 것이다.

그것은 수천 년의 역사의 흐름을 뒤바꾸어 놓았고, 태어나지도 않은 우리 후손들에게 올바른 사상과 자유를 주었다.

▩ 결단엔 용기와 신념이 필요하다

미국 역사상 가장 큰 결단은 1776년 7월 4일 미합중국이 자유를 얻기 위해 56명의 이름으로 서명한 문서를 갖고 필라델피아에 도착한 일이었다.

이 이야기는 1777년 3월 5일, 보스턴에서부터 시작된다.

영국 군인들이 거리를 순찰하고 있었다. 그들의 모양은 오만하였으며, 시민들을 위협하기까지 하였다.

주민들은 그동안 쌓여있던 감정이 드디어 폭발하기 시작했다. 주민들은 군인들을 향하여 돌을 던지며 대항했다. 전투는 계속되어 사상자들이 많이 나왔다.

주 의회 대의원 중 존 헨코드와 새뮤얼 애덤스 두 사람이 용기를 내어 영국군을 보스턴에서 추방해야 한다고 선언하였다.

여기에서 우리가 알아야 할 것은 지금 평화를 누리고 있는 미국의 자유 수호의 발단이 두 사람의 결단에 의해서 비롯되었다는 점이다.

그 결단이 위험하였기 때문에 용기와 신념이 더욱 요구되었던 것이다.

결국 그들의 요청이 받아들여져 군대는 보스턴으로부터 철수했다.

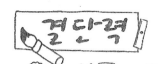

결단력

시도하지 않는 곳에 성공이 있었던
예는 결코 없다.

H. 넬슨

2. 결단력은 사물을 끌어당긴다

두 가지 종류의 사람
결단을 내리고 실행하라
결단을 못 내림으로써 파멸에 이른 인생

독자에게 드리는 질문

당신에게 결단력이 있는가? 당신은 당신이 바라는 것을 결정할 수 있는가? 만일 당신이 동요하고 있고 마음을 정하지 못하고 있다면, 좋은 일이나 가치 있는 일은 결코 이루어지지 않을 것이다. 결단을 내리지 못하는 사람, 결의를 하지 못하는 사람은 결코 큰 일을 할 수 없다.

당신은 지금 걸어가는 길이 어느 쪽으로 구부러지려고 하고 있는지 생각해 본 일이 있는가? 그 길로 계속 걸어갈 것인가, 아니면 방향을 선회해야 할 것인가? 지금이 바로 그것을 결정해야 할 때이다.

두 가지 종류의 사람

세계는 두 종류의 사람으로 나뉘어져 있다. 「결단코 해내겠다」고 하는 사람과 「어떻게 했으면 좋을지 도무지 모르겠다」라고 하는 사람이다. 그리고 많은 사람들이 후자에 속한다.

「나는 어떻게 하면 좋을까?」 하고 당신은 자신을 향해 수없이 말하지 않았는가? 인생은 다른 어떠한 원인에서 보다 결단에 의해서 파멸에 이르는 편이 많다.

당신의 마음 속에는 무엇을 창조하는 힘이 있다. 그 힘은 당신이 결단에 의해서 자력(磁力)을 부여하지 않는 한 실력을 발휘하지 않는다.

당신은 이 사물을 끌어당기는 힘을 당신이 원하는 방향으로 향하게 할 필요가 있다. 그렇게 되면 당신이 원하는 것을 손에 넣는 데 필요한 힘을 발휘할 수 있기 때문이다.

당신이 정신적으로 또는 감정적으로 조화를 이루지 못하고 있을 때에는, 당신은 일시적으로나마 혼란을 느끼고 앞길이 막혀, 자석처럼 당신이 원하는 것을 끌어당기는 힘이 파괴되기까지 한다. 정신과 육체의 불안정한 상태는, 좋지 못한 그 자체를 끌어당기는 것 외에는 아무 것도 끌어당길 힘이 없다.

수많은 사람들이 입으로 토해내는 한탄소리의 주요 부분은 「나는 결정할 수가 없다」는 것이다. 이것은 인간의 마음에서 일어나는 가장 슬픈 만가(輓歌)이다. 그것은 희망과 야심과 자신감을 장송(葬送)하는 종소리와 같은 것이다.

당신이 마음을 결정하지 못하는 한 당신은 아무 도움도 받지 못할 것이고, 자신을 갖고 어떤 방향으로 움직여 간다는 것도 불가능한 일이다.

당신은 현재 있는 곳에 그대로 머물러 있고 싶은가? 만약 그렇다면 결심 따위는 할 필요가 없다. 생각을 바꾸지 않는 한, 현재의 위치와 삶의 모습이 어떠하든지 그곳에 머물러 있을 것이다. 아니면 더 낮고 비천한 곳으로 침몰해 갈지도 모른다. 전진하지 않으면 그것은 곧 후퇴이며, 발전하지 않으면 그것은 곧 퇴보이기 때문이다.

당신의 사고(思考)나 생각 역시 경험을 쌓아감에 따라 새로운 사람과 생각이 떠오르게 되는 것이다. 만약 그렇게 하지 않을 때 낡고 고루한 생각이 당신의 마음을 점령하여 생각을 둔화시키고, 머리를 녹슬게 하며, 발전을 가로막게 될 것이다.

만약 당신이 이제까지 해온 것과 같은 식으로 결단을 내릴 수 없다면 그것은 아마 당신의 낡은 생각과 낡은 욕망이 마음속에서 싸우고 있어서 당신의 「마음 속의 소리」가 그런 것들을 무시해 버리면서 진흙탕 속에서 빠져나와야 한다고 명령해도 그에 따르지 않기 때문이다.

만약 당신의 현재 상태가 위에서 설명한 것과 유사한 상태라면, 이제 결단을 내리고 그곳을 빠져 나오는 길밖에 없다.

그 다음에는 자신에게 새로운 방향을 제시하고 당신의 흐트러진 힘을 새로이 모아서 뚜렷하게 마음을 결정하고 똑바로 전진해야 할 것이다.

결단을 내리고 실행하라

「좋아, 부딪쳐 보겠다. 반드시 해내고야 말 테다!」

인내의 한계가 왔다고 생각되는 경우에도 이렇게 마음 속으로 부르짖으며 적극적인 결의를 하면 새로운 힘을 발견하게 된다.

어떤 경우라도 너무 늦었다고 생각하지 말라.「그것」즉 당신 안에 있는 창조하는 힘은 올바른 생각, 올바른 결정에 의해서 자력(磁力)을 가질 수 있으며 당신은 그것에 의해서 난관을 타개할 수 있는 지혜를 획득할 수 있다.

「신은 나를 구해주셨다.」많은 사람들이 위기에서 벗어나서 하는 말이다. 그런데 사실은 이들이 여러 가지 실패를 경험하다가 마지막으로 어떤 일을 시도하여 성공한 다음에 기쁜 마음으로 하는 말이지만, 그들은 마지막 순간에 자신 안에 숨어 있는 힘에 호소했다는 것이다.

당신은 이제 순간 순간 발전이냐, 몰락이냐 어느 한 가지를 선택해야 한다. 우리 생이 어차피 무엇인가 선택하지 않으면 안 될 운명이기 때문이다.

당신은 이 세상의 어느 누구보다도 당신 자신을 잘 알 수 있다. 그러나 알려고 하지 않은 것이다. 그러나 이제부터는 무엇을 결정하기 전에 먼저 자신에 대해서 철저하게 알아야 한다. 만약 당신이 자신에 대해서 철저히 알고 있다면「올바른 궤도」에 진입하는데 결코 지금도 늦지 않음을 알 것이다.

이제 당신은 축구 경기에서 축구공을 되돌려 받은 선수와 같이 골문을 향해서 질풍같이 돌진할 때이다. 지금이야말로 가장 좋은 기회이다. 오늘이야 말로 당신에게 값진 기회인 것이다. 지금 그 일을 하지 않으면 앞으로는 그러한 기회를 두 번 다시 잡지 못할 것이다. 당신은 결단의 순간에 있는 것이다.

「물러설 수 없다. 오직 뚫고 나갈 뿐이다.」

돌진해야 한다. 늦으면 늦을 수록 사태는 곤란하게 될 것이다.

당신의 내부에 있는 진정한 자아로부터 지시를 받아들여, 그 지시가 실행하기에 아무리 어려울지라도 그것이 명령하는 바를 따르도록 하라.

결단을 내려 당신의 의식을 과거의 공포나 심리적 억압으로부터 해방시키도록 하라. 그렇게 하면 당신의 마음은 좋은 생각만 하게 되어 좋은 일을 당신 쪽으로 끌어 당기기 시작한다.

「그렇다, 아니 그렇지 않다, 그럴지도 모른다, 아니 그렇지 않을지도 모른다고 하는 말과는 영원히 결별하라. 그렇게 해서는 아무 일도 되지 않는다.」

데이비드 하램이 한 말이다. 그렇다. 「이것도 아니고, 저것도 아닌 삶」을 살다가는 영원히 짓밟히는 인생으로 끝나고 만다.

어떤 성공한 사업가가 이렇게 말했다.

「나는 전혀 결단을 내리지 못하는 것보다는 설사 잘못된 결단이라도 내려서 그것을 실행하는 쪽을 택하겠다.」

결단을 못 내림으로써 파멸에 이른 인생

결단을 내리지 못함으로써 결국 파멸에 이른 사람이 수없이 많지만 그 중에 한 사람으로 목사 한 분을 소개하겠다.

그는 목사였지만 성서를 읽으면 읽을수록 의문이 생기는 것을 어쩔 수가 없었다. 그는 마음 속으로는 성서를 의심하는 것이 죄인줄 알면서도 점차 성서의 한 부분을 부정하기에 이르게까지 되었다.

「나는 이 상태로 설교를 계속할 것인가, 아니면 목사직을 그만 두어야 할 것인가?」

그의 마음은 결단을 내리지 못하여 혼란스러웠고 마침내 건강에까지 영향을 주어 몸이 점차 약해지기 시작했다.

강단에 서서 설교하는것 자체에도 두려움을 느끼기 시작했다. 그리하여 설교하지 않아도 될만한 적당한 구실이 될 수 있는 일이 일어나기를 은근히 기대하였다.

마침내 마음 속으로 기대하던 일이 일어나고 말았다. 신념의 마술이 부정적인 방향으로 작용한 것이다. 그가 설교를 하려고 강단에 올라선 순간 갑자기 심한 기침이 나서 숨쉬기가 곤란할 정도였다. 그의 건강이 그로부터 악화되어 그는 목사직을 사퇴하지 않으면 안 되었다.

누구나 그를 동정했지만, 그 자신만은 그를 비난했다. 그로부터 얼마 후에 건강은 회복되었지만, 어떠한 일에도 결단을 내리지 못하는 우유부단한 인간이 된 것이다. 그리하여 새로운 행동의 방향도 제시하지 못하였으며, 자기가 의심하고 있는 것을 누구에게 말하는 것조차 두려워하여 고뇌하고 번민하기까지 하였다. 그때부터 그는 자신의 문제를 결정하려고 하면 기침부터 나오기 시작하여 무엇하나 결단을 내리지 못하는 불쌍한 노인으로 전락하고 말았다.

그는 임종 직전 필자에게 이런 말을 했다.

「나는 다시 한 번 인생을 산다면, 신념을 숨기지 않고 정직하게 말하는 인간이 되겠다. 그리고 두려움 때문에 결단을 내리지 못하여 항상 자책과 우유부단으로 자학하는 인생이 되지는 않겠어.」

당신은 이러한 심한 우유부단으로 괴로움을 당하고 있지는 않는가?

결단은 용기로부터 생긴다. 그리고 용기는 자기 자신과 자신의 힘을 믿는 자신감에서 솟아오른다. 현재 당신을 에워싸고 있는 문제나 상황이 언제까지나 그대로 계속되리라고 생각해서는 안 된다. 상황은 항상 변한다. 그러기에 당신에게 결단을 요구하는 것이다.

당신의 마음 속에 있는 부정적인 이미지부터 단호하게 바꾸고, 마음 속에 있는 힘을 발휘하여 밝은 미래를 향해 나아가야 한다.

3. 결단의 시기를 잘 선택한다

결단의 때를 알라
선택은 오직 전진뿐
인생에서 「가장 중요한 것」을 얻는 지혜
나폴레옹을 영웅으로 만든 「최대의 자질」
괴테가 세상에서 가장 존경했던 사람
언제까지나 힘이 되는 「결단력과 의지」
강한 정신이 필요하다

독자에게 드리는 질문

당신은 이제 결단력이 얼마나 중요한가를 깨달았을 것이다. 문제는 언제 결단을 내리느냐가 문제이다.

당신은 어떤 일을 결정할 때 그 시기를 잘 선택했는가? 아니면 결정의 시기를 놓쳐 일을 그르쳤는가?

결단에 있어서 무엇보다도 그 시기가 중요하다. 역사를 바꾼 위대한 그 결단도 시기를 잘 선택했으므로 그 진가가 발휘되었던 것이다.

당신이 정상을 향해 나아갈 때, 승부를 결정하는 문제를 만나서 결단해야 할 때가 있다. 그 시기 선택이 무엇보다도 중요하다. 이제 그 시기 선택의 방법에 대해서 연구해 보자.

결단의 때를 알라

「결단력이 있는 곳에 성공이 있고, 성공이 있는 곳에 반드시 결단력이 있다.」

이 말은 닥터 죤스닝이라고 불리었던 영국의 사서편자 사뮤엘 죤슨이 한 말이다. 결단력이 있는 사람은 반드시 성공을 거둔다는 뜻이다. 여기에는 예외란 있을 수 없다.

지금까지 성공한 사람들은 모두 결단력이 뛰어난 사람들이었으며, 결단할 때를 알고, 일단 결심하면 다른 것에 마음을 빼앗기거나 진로를 바꾸거나 하지 않았다. 그들은 설령 부나 재산을 다 잃어도 오로지 그것만을 위해 노력하며 그것을 실현시켰다.

프랑스의 츄렌타 육군지휘관은 전술에 대해서 지휘를 받은 사람들의 말 중에서 어느 한 사람의 말을 소개하고 있다. 그는 이렇게 말했다.

「잘못을 했을 땐 언제까지나 그것을 후회만 하고 있지 말고 곧바로 일어서서 수복작업을 시작하라.」

선택은 오직 전진뿐

여기 그야말로 「잘못을 했어도 금방 일어난」 한 청년의 이야기를 소개하고자 한다.

한 청년이 친구를 자칭하는 추종자들과 놀기만 하다가 부모로부터 물려받은 상당한 액수의 재산을 2, 3년 만에 다 탕진해 버렸다.

그 청년을 따라다니던 추종자들은 재산이 떨어지자 그를 거들

떠 보지도 않았다.

어느 날 몹시 곤궁해진 그는 자살을 결심하고 여기저기 헤매던 중에 높은 지대의 낭떨어지까지 오게 되었다. 거기에는 최근까지 자신의 소유지였던 토지가 보였다.

청년은 무릎을 꿇고 몇 시간 동안 가만히 앉아서 생각하다가 이윽고 힘있게 일어섰다. 「저 토지를, 저 건물을 다시 되찾자」 그렇게 결심한 것이다.

이제 그는 자신이 무엇을 해야 하는가를 알게 되었던 것이다. 그는 서둘러서 걷기 시작했다.

아무리 하찮은 일이라도 좋다. 설령 참새 눈물만큼의 돈밖에 안된다 할지라도 좋으니 기회가 있다면 피하지 말고 해보자. 그리고 손에 들어온 돈은 한 푼이라도 저축을 하자.

청년은 그렇게 맹세하였다.

우선 그의 눈을 끈 것은 어느 집 현관 앞에 배달되어져서 아무렇게나 쌓여져 있는 석탄이었다. 그는 그 집주인에게 석탄을 보관 장소에 운반하는 일을 부탁하여 약간의 돈을 받았다. 그리고 또 다음 일을 찾으러 나섰다.

그는 자신으로서는 도저히 생각할수조차 없을 만큼 비참한 일이라도 기회를 놓치지 않고 일했다.

그렇게 해서 원래의 재산을 되찾기 위해 노력을 계속하는 한편 절약하는 것도 잊지 않았다.

그리하여 상당한 시간이 지나고 어느 정도 저금한 돈이 생기자 장사를 시작하여 상당한 이익을 보았다. 그는 그것을 자본으로 하여 또다시 신중하고 신속한 거래를 확대해 나갔다.

거래는 점차 확대되고 원래의 자산을 회복하기까지에 이르렀다. 마침내는 잃었던 재산을 모두 되찾았을 뿐만 아니라 일생동안 절약을 게을리 하지 않았으므로 거액의 재산을 남기게 되었다.

이 이야기는 결단력이 어느 만큼 커다란 힘을 가지고 있는가를 나타내는 하나의 예이다. 위기의 순간에 결단을 내릴 줄 알았기에 이 청년은 자신의 인생을 성공적으로 이끌 수 있었다.

▨ 인생에서 「가장 중요한 것」을 얻는 지혜

이 같은 선인들의 대표적인 사람이 혼 하워드이다.

하워드는 뭔가 사람들에게 도움이 되는 일을 하려고 결심하면 그 순간부터 실행에 옮겼다. 그리고 어떠한 장애도 그를 방해할 수는 없었다.

죄수들의 환경개선 문제로 외국을 방문했을 때도 하워드는 명승고적 같은데는 찾아가지 않았다 유명한 그림이나 조각을 감상하고 고대유적지들을 방문하게 되면 원래의 목적을 다할 시간이 적어지기 때문이다. 그래서 로마를 방문했을 때도 바티칸 궁전조차 보지 않았던 것이다.

하워드에게 최고의 기쁨은 자신이 바라는 것이 하나하나 실현되는 것을 자신의 눈으로 보면서 확인하는 것이었다.

하워드는 말하고 있다.

「내가 여행길의 위험에 둔감한 것이 아니다. 자신이 목표로 하는 것을 향해서 걷고 있을 때 설령 그로 인해 목숨을 단축시키는 일이 있다 해도 신께서는 기뻐해 주시리라고 믿는다.

이것만은 오해하지 말아주었으면 한다. 나는 자신이 하고 싶은 것 때문에 주위를 돌아보지 않거나 주의가 산만해져 있지도 않다. 나는 좁은 자기만의 세계에서 여생을 보내는 것이 아니라 좀더 많은 사람에게 도움이 되는 일을 하고 싶다. 그것이 자신의 의무라고 생각한다. 그리고 지금 내가 하고 있는 일은 그러한 것이라고 믿고 있다.」

어떻게 하면 많은 사람에게 도움을 줄 수 있을까 하고 오랫동안 생각하기 전에 우선 눈앞에 있는 한 사람에게 도움이 될 수 있는 것을 생각해야 한다. 아무리 하찮은 행위라도 아무 것도 하지 않고 있는 것보다는 훨씬 낫다.

어느 현대작가는 쓰고 있다.

「언제 올지 모르는 '언젠가'만 생각하고 있는 것은 무익할 뿐만 아니라 유해하다.

그런데 의지는 있지만 결단력이 없는 사람은 집에서 한 발짝도 밖으로 나가지 않는다. 따뜻한 난로 앞에 슬리퍼 신은 발을 내뻗고 손에 불을 쬐면서 생각에 생각을 거듭하며 입안에 술이나 굴러 떨어지듯이 마시며 우아하게 공상의 세계에 빠져 있다.

그런 사람도 나름대로 인류의 일을 심각하게 열심히 생각하고 있을지도 모르지만 실제로는 아무 것도 하지 않고 있다.

생각은 많아도 그 십분의 일도 세상에 공헌하고 있지 않은 것이다.」

나폴레옹을 영웅으로 만든 「최대의 자질」

결단력이 뛰어난 사람 하면 나폴레옹이다.
한순간 한순간의 중요함을 알아채고 신속한 행동으로 몇 번의 싸움을 승리로 이끈 나폴레옹은 「장군에게 필요한 자질은?」 이라는 질문에 「시간을 정확하게 재는 능력」 이라고 대답하고 있다. .

몬테페로의 전쟁은 그야말로 그 실천이라고 해야할 것이다. 오스트리아군의 기병대가 전장에 들어오기까지는 15분이 걸린다고 계산한 나폴레옹은 그 15분 동안 아군이 확실하게 승리할 수 있는 작전을 세웠던 것이다. 그 날 전쟁이 끝나고 나폴레옹은 오스트리아가 패한 원인은 시간의 중요함을 깨닫지 못했던 탓이라고 지적하고 있다.

그의 결단력은 거보리 전쟁에서도 위력을 발휘하였다.

천하를 가르는 큰 전쟁이 될 것이라고 생각한 나폴레옹은 일시적으로 휴전의 깃발을 적진에 보냈다. 그리고 의논을 하고 있는 동안의 몇 분간 휴식 시간을 이용해서 작전을 다시 세웠던 것이다. 나폴레옹 측이 큰 승리를 거둔 것은 그 몇 분간의 덕택이었다. 그렇지만 그런 나폴레옹도 이윽고 스스로의 교훈인 신속한 결단의 중요성을 잊고, 워털루 전쟁 이후 몰락해 갔다.

괴테가 세상에서 가장 존경했던 사람

이와 전혀 반대되는 예로써, 결단력의 부족으로 인하여 성공을 거두지 못했던 사람은 제임스 매킨토쉬이다.

애버딘 대학에서 훌륭한 성적을 받았던 매킨토쉬가 우수한 교수로서 성장할 것이라는 것은 누구 나가 예상하고 있는 바였다. 그런 매킨토쉬가 좌절하고, 그 능력을 발휘하지 못했던 것은 오로지 본인의 우유부단함과 결단력의 결여 때문이었다.

그야말로 「자주 마음이 변하고」, 「한 곳에 가만히 머물러 있는 일이 없었다」 는 것이다.

매킨토쉬는 애버딘 대학에서는 정치학을 할 것인가, 형이상학을 할 것인가를 고민했고, 의학을 배우러 갔던 에딘버러 대학에서는 오전 중에는 정치학 공부를 하고, 오후에는 변론에 시간을 소비했다. 또 개업의로서 기반을 닦으려 했을 때는 환자가 좀처럼 진찰을 받으러 오지 않는 것에 낙심이 되어 개업을 그만두어 버렸다.

그때부터 거의 놀다 시피하면서 정치학 책을 쓰거나, 정치가이자 웅변가이기도 한 바코의 의견에 대립하는 소책자를 쓰거나, 법률을 강의하거나 하면서, 여전히 역사학 또는 도덕학의 대작을 쓰겠다고 소란을 피웠다.

그는 단지, 계획을 무너뜨리기 위한 계획을 세우는데 여념이 없었던 것이다.

타고난 자질의 매킨토쉬가 재능에 걸 맞는 인생을 보낼 수가 없었던 것은 왜였을까? 그건 목표를 하나로 정하는 결단력과 일단 정하면 다른 것을 희생하고라도 해내는 집중력, 실행력이 없었기 때문이었다.

바코는 말하고 있다.

「매킨토쉬 만큼 자신을 대성할 것이라고 믿으면서도 거의 아무 것도 성취하지 못했던 사람은 드물다.」

매킨토쉬는 어느 논문에서 「유효」와 「유용」 중 어느 쪽의 말을 사용할 것인가를 가지고 몇 주간 동안이나 고민하고 있었다.

결국 제임스 매킨토쉬는 부여받은 자질에 알맞은 일을 무엇하나 완성시키지 못하고 67세로 이 세상을 떠났다.

괴테의 다음과 같은 말이 가슴에 와 닿는 것은 비단 매킨토쉬에 국한된 것만은 아니다.

「내가 존경하는 사람은 자신이 무엇을 하고 싶은가를 정확하게 알고 있는 사람이다. 이 세상에서 정말로 불행한 사람들은 자신이 하고 싶은 것을 하지 못하고 있는 사람들이다.

콜롬부스는 심한 폭풍우와 선원들의 불평에도 굴하지 않고 강한 결의를 가지고 미지의 항해를 계속했기 때문에 세기의 대 발견을 할 수 있었던 것이다.

▓ 언제까지나 힘이 되는 「결단력과 의지」

외과에 과학적인 기초를 제공하고 치과학의 선구자라고도 불리우는 스코틀랜드의 생리학자 죤 헌터도 결단력과 강한 의지로 지위와 명예를 얻은 사람중의 한 사람이다.

죤 헌터는 십 형제 중 막내로 태어났다.

어려서 부친을 잃은 헌터는 교육다운 교육을 받을 수 없었고, 또 학교 공부보다는 밖에서 노는 것을 더 좋아하는 소년이었다.

헌터는 17세 때 장롱을 만들고 있는 의형제가 일하고 있는 곳에 취직을 하여 3년 간 그곳에서 일하였다. 이때 놀면서 허비해 버린 시간들을 후회했던 것 같다. 3년이 끝나갈 때 친형 윌리엄이 의사로서 대성공을 거두었다는 소식을 듣자 그 형에게 해부실의 조수로 써줄 것을 부탁하였다.

죤이 새로운 직업을 찾은 것은 20세 때이다. 죤은 해부학 공부를 시작하자 즉시 두각을 나타냈다. 일하면서 하는 공부였지만 누구에게도 뒤지지 않았다. 형 윌리암이 할 수 있는 일을 자신이 할 수 없을 리는 없다고 믿고 있었던 것이다.

성실한 면학 성과가 나타나 죤은 2년째가 되었을 때 해부학의 책임자인 형의 대리로 일할 수 있게 되었다.

죤은 외과지식을 습득하기 위해서 어느 때는 학생으로서, 또 어느 때는 의사로서 모든 기회를 이용하여 공부에 몰두하였다.

그런 보람이 있어서 3년 후에는 그의 공적을 인정한 형 윌리암이 경영하는 의학학교의 공동경영자가 되고 강의실의 절반을 담당하게 되었다. 그러나 너무 힘들여 공부했기 때문에 건강이 나빠져 기후가 따뜻한 지방으로 요양을 가야만 했다.

완전히 회복되어 런던으로 돌아왔을 때는 36세 때였다.

그는 런던에서 개업하려고 했지만 친구도 없었고 경제적으로도 어려웠다. 대중들이 그의 실력을 알아줄 리도 없었고, 또 이미 이름이 알려져 있는 개업의에게 만족하고 있었으므로 실력을 알지도 못하는 의사를 찾으려 하지 않았다.

생각처럼 잘 되어가지 않는 것을 알게 된 죤은 다시 교편을 잡아 생계를 꾸려가기로 하였다. 그러나 그가 시작한 해부학과 외과 교실은 그의 재능과 지식의 풍부함에도 불구하고 제대로 평가받지 못 한채 수강자가 20명 이상을 넘는 일이 없었다. 그러나 그것으로 인해서 좌절할 그가 아니었다.

그는 자신을 믿고 있었고. 아무리 잘 되어가지 않아도 그 때문에 목표를 바꾸는 일은 없었다.

그런 강한 의지가 전해졌는지 얼마 지나자 죤 헌터의 평가도 높아지고 여기저기 초청되어져 가게 되었다. 그래도 그는 끊임없이 공부를 계속하였다. 이 이후 죤 헌터 만큼 시간을 아껴서 일에 전념했던 사람은 없다.

죤 헌터는 늘기만 하는 외과수술 사이의 한 시간 한 시간을 쪼개서 동물학, 생물학, 해부학, 병리학 등 모든 분야의 연구에 몰두하였다. 저녁식사 후의 선잠을 제외하고 는 하루 네 시간 이상은 자지 않았다.

죤 헌터는 일 만점 이상에 달하는 표본을 남기고 이 세상을 떠났다. 중요한 것으로는 생활기능별로 분류된 동식물의 표본, 동식물학의 실증이 되는 삼천 종 이상의 동물박제, 식물표본이다. 그 밖에도 천 이백 점 남짓의 공룡들의 화석도 있다.

그러나 죤 헌터의 수집 중심이 되는 것은 무엇보다도 「헌터 박물관」의 가장 특징인 세 가지 부문, 즉 일반적 질병과 치료 후의 회복제, 특이한 질병의 물리적 변화, 기능별로 분류된 여러 가지 질병의 병리학적 표본이다.

한 남자가 바쁜 일생동안의 시간을 쪼개고 잠을 줄여서, 이 정도로 많은 양의 표본을 모은 것은 한 가지 목표를 위하여 긴 일생을 두고 노력했기 때문에 가능한 일이었다.

존 헌터의 결의와 노력의 결정인 이 박물관은 정부가 매입하여 런던 의과대학에 기증하였다.

강한 정신이 필요하다

올바른 결단력은 누구나 바란다고 해서 금방 얻어지는 것은 아니다. 하루 하루의 마음가짐에 의해서 조금씩 변해 가는 것이다.

그렇기 때문에 육체적 건강 역시 중요하다. 체력이 약하면 정신까지 약하게 되고 결단해야 할 때에 결단하는 용기를 갖지 못하지만, 건강하면 치는 힘이 생기고 아울러 정신까지 강해져서 결단해야 할 때에 주저 없이 결단을 내릴 수 있다.

「철의 장군」이라 불리 우는 웰링톤 장군도 「철의 의지를 가진 남자」라 불린 나폴레옹도 병이나 피곤함을 모르는 건강한 육체를 가지고 있었다. 이 두 사람이 연약한 육체를 가졌더라면 전쟁에서 살아 돌아 올 수 없었을 것이다.

당신도 경험했으리라 생각하지만, 건강상태에 따라서 어려운 일이나 곤란한 일에 대처할 능력이 생기는 것이다.

컨디션이 좋고 활력이 넘칠 때는 좀 어려운 일이라도 의욕적으로 할 수 있는데 기분이 좋지 않거나, 컨디션이 나쁠 때는 의욕이 없어져서 조그마한 곤란도 큰 장애물과 같이 생각된다.

당신이 결단력을 지니려면 건강하고 튼튼한 육체를 길러야 한다. 세상에는 성공했다고 생각하자마자 쓰러져 자취를 감춰버리는 사

람이 수없이 많다. 그런 사람은 두뇌나 마음을 단련시키는 것에는
힘을 쏟았지만 육체를 단련시키는 일에는 전혀 관심을 두지 않았
기 때문이다.

그렇기 때문에 어느 한쪽이 결핍되면 다른 한쪽까지도 구제하기
힘든 상태가 되어버리는 것이다. 따라서 당신이 결단력 있게 모든
일을 추진하기 위해서는 먼저 건강한 육체를 가지도록 노력해야
한다.

용기는 악운을 깨뜨린다.

세르반데스

4 용기를 가지고 도전하라

안전만이 인생의 전부는 아니다
공포감은 짜증을 낳는다
자신에게 전념하는 용기가 필요하다
창조적인 일에 몰두하는 용기

독자에게 드리는 질문

　지금 당신은 전진할 준비가 되어 있는가? 그리고 끈기 있게 당신
이 하던 일을 추진할 수 있는가?
　이제 당신의 발전이나 남은 생애를 어떻게 할 것인가는 다른 사
람이 아닌 당신 자신이 선택해야 한다.
　당신은 무엇 때문에 주저하는가?
　아직도 남의 시선을 의식하는가?
　당신이 현재에 안주하고 있다면 당신의 인생은 여전히 별 볼일
없는 삶으로 끝날 것이다. 다시 용기를 내서 도전해 보라. 그러면
새로운 기회의 문이 열릴 것이다.

■ 안전만이 인생의 전부는 아니다

인생은 피할 수 없는 위험을 수반한다. 살아있다는 사실도 일종의 행운이다. 교통사고, 질병 등 나쁜 소식이 예고도 없이 당신을 찾아 올 수도 있다.

또 삶을 살면서 균형을 유지한다는 것도 어렵다. 때때로 우리는 미래를 지나치게 과신한다. 어떤 때는 마음이 상하고 속는 느낌이 들기도 한다.

그래서 삶을 포기해 버리기조차 한다. 그러나 어떤 의미에서 보면 인간의 삶의 목적이란 불행에 부딪쳤을 때 그것을 극복해내는 것이 아니겠는가?

당신은 간혹 안전하고, 타성에 젖어버린 일상적인 생활과는 다른 방식으로 행동할 때도 있을 것이다. 이때 당신은 긴장을 하게 된다. 그러다가 그것이 심해지면 메스꺼움, 현기증, 심지어 정신적 장애까지도 생긴다. 만약 당신이 그 새로운 변화의 결과에 너무 오래 집착하면, 그 공포는 당신의 마음 깊숙한 곳에서 생겨나고 그것이 당신을 압도하게 된다.

생의 위협을 극복하는 일을 돈에 투자하는 경우에 비유해 보자. 아마도 잠재적 수익은 어느 정도 위험수치를 나타내고 있을 것이다. 그러나 위험이 크면 클수록 그 게임은 더 흥미로운 법이다.

▓ 공포감은 짜증을 낳는다

위험을 극복하는 것은 당신을 위한 좋은 치료제가 된다. 어쨌든 위험을 극복하는 방법을 피하자는 생각을 하지 말라. 공포에 대해 지나치게 의식하면 언제까지고 아무 것도 이루지 못한다. 스스로 해볼만한 새로운 일을 지금 실행하라.

「위험은 어떤 것인가? 그리고 그에 대한 대가는 무엇인가?」라고 반문해 보는 생활을 해야 한다. 그러한 자세는 위험을 극복하는 그 일이 「성공의 일부가 된다」는 것을 가르쳐 줄 것이다.

반드시 큰 위험만을 생각할 필요는 없다. 혹 우리가 우리의 모험에서 너무 많은 것을 얻고자 한다면 새로운 것을 배우기가 오히려 힘들다. 그러나 신중하게 위험의 내용을 살펴볼 필요는 있다. 예컨대 자전거 타는 법을 배울 경우 교통이 복잡한 곳에서는 타지 않을 것이다. 넘어지더라도 크게 다치지 않을 장소를 원하기 때문이다.

한 번 부딪쳐 도전해 보라. 그리고 그것이 위험을 수반하는가 아닌가를 잘 살펴보아야 한다. 어느 때는 위험을 극복한다는 것이 괜찮다고 느껴질 때가 있다. 그러나 또 어느 때는 안전만 보장된다면 모든 것을 포기할 수 있다고 느낄 것이다. 이 경우 최선의 방법은 역시 그것에 부딪치는 것이다.

중요한 것은 당신에게 생기를 부여하고 활력소가 되는 일을 찾는 것이다. 동시에 생의 의미를 바람직한 긴장이나 위험과의 조화에서 찾는 것이다.

자신에게 전념하는 용기가 필요하다

어떤 일에 몰두하게 되면 우리는 생각 이상의 성취감을 얻게 된다. 예컨대 예술 분야에 종사하는 사람들이나 종교적 분야의 사람들이 그렇다. 우리도 그런 성취감을 맛볼 수 있다. 그 성취감은 당신이 좋아하는 사람, 아니 당신이 증오하는 사람도 함께 느낄 수 있다. 그 성취감은 음식을 만드는데서, 혹은 나무를 베는 일이나 걷는 중에서도 느낄 수 있다.

그것은 걱정이나 자의식을 잊고 그 무엇인가에 빠지는 것과 같은 체험인데, 간혹 그것은 많은 다른 명칭으로도 불린다.

그러나 흔히 사랑과 같은 감정은 자신이 직접 체험하지 않으면 좀처럼 믿기 어려운 법이다. 식료품을 하나하나 점검하는 일이나 기계를 다루는 일들은 성취감을 줄 수도 있지만, 반면 반복적인 일로써 지루함을 줄 수도 있는데 이것은 노력 여하에 따라 즐거운 일 혹은 그 반대의 일이 될 수도 있다.

간혹 어떤 이들은 막연히 앉아서 성취를 기다린다. 그리고 「보세요, 나도 성취감을 얻었습니다.」라고 말하기 위해 어떤 조직의 일원이 되었음을 광고한다. 그러나 다른 사람을 위해서, 다른 사람에게 보이기 위해서 하는 일이란 이내 그 성과가 떨어지고 만다.

당신은 어떤 생활을 원하는가? 당신에게는 어떤 용기가 있는가? 선택권은 당신에게 있다.

창의력은 매우 매력 있는 것이다. 오랜 역사를 통해 볼 때 그 창의성의 비결을 찾기 위해 많은 창의적인 사람들이 연구해 왔다. 그들은 때때로 자신의 체험에 근거하여 어떤 「공식」을 찾고자 했다. 그러나 결코 찾지 못했다. 창의성은 「점진적」인 과정이 아니기 때문이다.

오늘날 많은 운동 선수들이 그 창의성을 개발하는 방법을 배우고, 또 생각하고 있다. 이때 흔히 쓰이는 말은「집중력」이다 집중력은 최대의 성과를 가져오는 필수적인 요소이다. 흔히 훌륭한 게임과 형편없는 게임과의 차이는 집중력의 정도에 좌우된다. 이러한 집중력을 갖기 위해서는 의심이나 자의식을 버리고, 마음 속의 모든 무익한 것들을 버려야 한다.

동양의 철학은 바로 이런「마음의 상태」가 목표가 되었다. 사실「무념, 무상한 중에 행동한다」고 하는 이 개념은 중세 일본의 사무라이 기사들에게서 쉽게 찾아볼 수 있는데, 그들은 적을 쓰러뜨리는 가장 좋은 방법을「지체 없이 싸우는 것」이라고 믿었다.

세련된 기술의 숙달도 물론 필요하다. 그러나 실제적인 행동은 사고보다는 느낌에 좌우된다. 훈련을 거듭함으로써 그들은「적이 왼쪽에서 공격해 올까? 아니, 오른쪽일까?」라는 식의 혼란이 오지 않을 정도의 직관력을 개발한다. 즉 사무라이는 마음의 평정과 균형을 잃지 않고 자신이 마치 적인 양, 다음에 일어날 일을 미리 아는 것처럼 행동한다.

「정신으로부터 육체는 배운다.」

우리가 어떤 것을 배우고자 할 때, 마음의 문을 활짝 열고 그 방향으로 주의를 기울여야 할 것이다. 열린 마음은 당신을 깨우쳐 준다. 그 때 당신은 그것이 무엇을 말하고 있는가를 생각해 본다.

사무라이처럼 동양의 궁수들도 그 느낌을 추구하는 것인데 일종의 명상인 것이다.

만약 당신이 새로운 무엇을 배우고자 한다면 느낌을 얻는 데 집중해야 한다. 복잡한 의식의 세계로부터 벗어나서 온전한 명상을 통해서 당신이 바라는 그 일에 깊이 빠져들어야 한다.

창조적인 일에 몰두하는 용기

천부적인 유전적 재능, 연구, 훈련, 그리고 행운까지도 창의력에 있어 중요한 일부이다. 그러나 꼭 필요한 것은 완전히 몰두하는 일이다. 우리는 그것을 「두 가지 과정」으로 생각해 본다.

첫째, 창의적인 행동에 자신을 몰두시키고, 그런 다음 기꺼이 그 일을 하라.

둘째, 비판적인 검토이다. 정신적인 여유를 갖고 거리를 두어 그 결과를 주시해 보라. 그 일이 내가 원하고 있는 방향으로 어느 정도 가까이 가고 있는가를 그것은 마치 캔버스 앞에 선 화가가 무아의 경지에서 그림을 그리고, 그리고 나서 새로운 조화를 얻기 위해 약간 뒤로 물러서서 그것을 응시하는 것과 같다. 이 두 가지는 마음의 분리 상태, 즉 창의적인 행동과 비판적인 검토를 의미한다.

창조적인 상태는 승리를 지나치게 의식하지 않고 그것에 깊이몰두함으로써 얻을 수 있다.

그러한 자세로써 우리는 더 쉽게 창의와 검토의 틀 안에 들어가게 된다. 훌륭한 결과는 거기에서 주어지는 여분의 이득에 불과하다. 중요한 일은 스스로 자신을 자유자재로 콘트롤 하는 일이다.

어떤 농부가 15년 동안 자신과 가족의 바람직한 삶을 위해 열심히 노력했다. 그는 결코 어떤 동정이나 특별한 대접을 바라지 않았다. 그의 생활 철학은 독립심과 근면이요, 「심은 대로 거두리라」는 것이었다.

그의 최선의 노력에도 불구하고 어느 날 갑작스럽게 태풍이 불어와 그의 농작물을 모두 쓸어갔다. 그는 마지못해 재난대책위원회에 가서 도움을 받았다. 그는 자신이 실패자라고 느꼈다. 과연 당신도 그렇게 생각하는가?

그렇게 생각하지 않기를 바란다. 실패의 공포는 당신을 무력하게 만든다. 만약 당신이 자신을 사랑하고자 한다면 당신의 모든 것을 사랑해야 한다.

대담함을 가지라. 가능한 한 많은 용기를 갖도록 하라. 물론 용기만이 다는 아니다. 거기에는 실천이 따라야 한다. 문제를 해결하는 데 그럴듯한 요령을 기대하지 말라. 확고한 생을 영위하려는 용기를 가져야 한다. 사랑과 정력으로 가득 채워야 한다.

성공이란 용기 있게 사는 것이다. 성공이란 투쟁이요, 변화요, 계속 성장하려는 용기를 의미한다. 그리고 다른 모든 고통과 시험에 속박되지 않는 용기를 말한다. 성공이란 바로 당신 자신의 것이다.

신은 참는자와 더불어 있다.

코란

STEP
5

끈기와 인내심을 가져라

끈기와 인내

자신의 목적을 이루려면, 그것을 방해하는 자신의 약점을 찾아내 없애야 한다. 조급하게 결말을 보려는 사람, 한 번의 실패에 주저않는 사람은 우선 끈기를 길러야 한다.

노만 V. 필

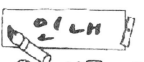

희망과 인내는 만병을 다스리는 영약
이다. 역경에 처해서 의지할 만한 가
장 믿음직한 자리요, 부드러운 방석
이다.

로버트 버튼

1. 끈기의 기초는 의지(意志)이다

욕망이 커야 성공한다
끈기가 있어야 성공한다
끈기의 힘
끈기는 발전시킬 수 있다
당신은 얼마나 끈기가 있는가?
다른 사람의 의견에 초연 하라
돌파구는 당신 스스로 만들어라

독자에게 드리는 질문

당신은 어떤 일을 한번 시도했다가 만족한 결과를 얻지 못했다고 그만 중도에 포기한 일은 없는가? 그것은 그 일에 그만큼 노력할 필요가 없다고 생각해서 인가, 아니면 끝까지 시도해 보려는 끈기가 부족해서인가? 부서지기 쉬운 쇠를 탄소가 단단한 강철로 변화시키는 것처럼, 끈기가 당신의 성격을 변화시킨다는 것을 알고 있는가? 무엇을 성취하려고 시도했다가 포기하고, 다시 다른 것을 시도했다가 또 포기한 일은 없는가? 끈기와 인내심이 없어서 그런 결과가 생긴 것을 후일 깨달은 일이 있을 것이다. 인내력과 끈기가 없으면 당신은 결코 어떤 일도 성취할 수 없다.

욕망이 커야 성공한다

당신의 욕망을 재산이나 성공으로 전환시키는 과정에 있어서 「끈기」는 절대 불가결한 요인이다. 그리고 끈기의 기초가 되는 것은 의지(意志)이다.

당신의 의지력과 욕망이 훌륭하게 결합되었을 때, 무슨 일에나 굽히지 않는 강력한 힘이 생긴다.

큰 재산을 모았거나 대성(大成)한 사람은 대개가 냉혈동물이라는 얘기를 듣게 되며 때로는 가혹하다는 소리까지 듣게 된다. 그러나 이것은 오해일 것이다. 그들이 가진 것은 끈기가 밑받침된 의지력과 목적을 달성하기까지 결코 단념하지 않는 욕망 그것이다.

대다수의 사람들은 그가 마음속에 품고 있는 목표나 목적을 간단하게 내 동댕이치며, 사소한 장애나 불행에도 불구하고 끝까지 목적완수를 위해 노력하는 사람은 극소수에 지나지 않는다.

끈기라는 말에 영웅적인 의미가 없을지 모른다. 하지만 이 끈기는 인간의 성격 안에서 철강에 대한 탄소와도 같은 역할을 하는 것이다.

당신이 「인생은 연습이 아니다」라는 말에 공감한다면 이 책에 제시한 원리들을 적용해 보라.

당신이 이미 확고한 목적을 가졌으며 또 그 목적을 달성하기 위한 뚜렷한 계획을 가졌다면 더욱 그렇다.

만일 그렇지 않다면 이 책을 읽고 그것을 습관으로써 몸에 익히도록 해야 한다.

끈기가 없다는 그 점이 실패의 주요한 원인이 된다는 것은 두말할 필요가 없다. 또 끈기가 없다는 것이 대다수 사람들의 공통적인 결점이 되고 있다. 이 약점을 극복하는 최선의 방법은 당신의 욕망을 강화하는 것이다.

모든 목표의 관철을 위한 출발점은 욕망이다. 당신은 이 점을 항상 기억해야 한다. 당신이 조그마한 불을 지피고만 있으면 극히 적은 열밖에 얻을 수 없는 것과 같이 욕망이 작으면, 당신이 얻는 결과도 작아진다. 당신이 끈기가 없는 것을 깨달았다면, 그 약점을 욕망이라는 불길로 불러일으켜 크게 타오르게 함으로써 바로 그 약점을 고칠 수 있을 것이다.

만일 당신에게 끈기가 없다는 사실이 판명되면, 욕망과 힘을 기르는데 모든 정신력을 집중시켜야 한다.

또 끈기를 기르자면, 「자기암시」와 「잠재의식」이 도움이 된다. 「나는 반드시 성공할 것이다」는 자기암시가 뚜렷한 욕망을 불러일으켜 끈기를 갖게 할 것이다. 이렇게 하면 당신의 끈기 없는 성격을 극복할 수 있을 것이다.

끈기가 있어야 성공한다.

당신의 욕망을 돈이나 성공으로 전환시키는 규칙이 우연히 적중했다고 해서 그렇게 놀랄 일은 아니다. 당신이 목표를 달성하기 위해서는 지금까지 말한 규칙들을 활용하도록 해야한다.

가난이란 마음이 가난에 젖어 있을 때 찾아오는 법이다. 돈을 벌려고 철저히 준비를 갖추고 있는 사람에게 돈은 틀림없이 따라온다. 그와 같은 법칙이 가난에도 들어맞는 것이다.

끈기가 없다면 벌써 일을 시작하기 전부터 성공자가 될 수 없다는 것은 뻔한 일이다. 당신은 끈기가 있어야 성공한다.

당신은 악몽으로 가위눌린 경험이 있을 것이다. 그 때 끈기가 얼마나 가치가 있는 것인지 알 수 있을 것이다. 잠자리에 누워서 잠을 자는 도중에 이상한 꿈을 꾸어 질식할 것 같은 경험을 했을 것이다. 그때 돌아누우려고 해도 몸이 말을 듣지 않는다. 그래서 어떻게 해서든지 몸을 움직이려고 궁리했을 것이다. 그렇게 끈기 있는 의지력을 활동시켜 가는 중에 간신히 한 쪽 손가락을 움직일 수 있게 된다. 그리하여 다시 끈기 있게 의지력을 활동시켜 가노라면 다른 손이 움직이게 되고 마침내 두 발이 움직이게 된다. 의지력으로 몸의 근육을 움직이게 되어 비로소 악몽에서 깨어날 수 있게 된다. 악몽에서 빠져 나오기 위해서는 당신은 한 걸음씩 순서를 밟아야 한다.

당신이 정신적 무기력에 사로잡혀 있을 때, 무슨 일이 있어도 거기에서 벗어나야 한다고 깨달았을 때, 그 때에 취할 방법은 악몽에서 벗어날 때와 마찬가지라 할 수 있다. 한 걸음 한 걸음 순서를 밟아 나가다 보면 이윽고 속도를 내어 완전히 의지를 지배할 수 있게 된다. 아무리 처음의 움직임이 느리더라도 끈기 있는 의지력을 가지고 우선 움직이기 시작하지 않으면 안 된다. 당신에게 끈기만 있다면 성공은 당신을 찾아온다.

성공한 사람은 어느 누구를 막론하고 끈기를 가진 사람들이다. 그들이 끈기를 기르게 된 이유는 항상 절박한 환경에 쫓겨서 아무래도 끈기를 발휘하지 않고서는 견딜 수 없었기에 마침내 끈기의 소유자가 되고만 것이다.

끈기를 굴복시키는 다른 힘은 하나도 없다. 성공을 거두는 온갖 소질 중에서 가장 큰 것이 끈기인 것이다.

이 점을 잊지 말고 가슴에 간직해 두고 일이 잘 되어가지 않거나 템포가 늦어졌을 때는 반드시 상기하기 바란다.

당신이 끈기를 습관으로서 몸에 지니게 되면, 만일에 실패를 대비해서 보험에 드는 것과 같아 난관에 부딪치더라도 침착한 태도를 보이게 된다. 몇 번이고 좌절하고 패배를 당하더라도 최후에는 반드시 승리를 거두고 말 것이다.

실패를 거듭하고도 시행착오를 되풀이 하면서도 마침내 목표를 달성한 사람들은 모두 끈기 있는 사람들이었다. 끈기를 가진다면 당신은 무슨 목표를 추구하거나 끈기의 보상으로 성공을 얻게 될 것이다.

▨ 끈기의 힘

그런데 실패를 경험하고서도 끈기의 소중함과 위대함을 깨닫는 사람이 매우 적다. 세상에는 실패나 패배가 극히 일시적인 일에 지나지 않는다는 생각을 하지 못하는 사람이 많다. 그 반면에 욕망을 끈기 있게 활용시킨 결과 실패를 승리로 돌릴 수 있었다고 말하는 사람도 있다.

인생의 방관자의 위치에서 보면 참으로 많은 사람들이 패배한 후 두번 다시 일어나지 못하는 것을 볼수 있다. 또 극히 드문 경우이지만, 너무나 성공을 서두른 결과, 그 벌로써 실패했다는 사람도 있다. 그러나 당신이 실패를 직면했을 경우, 구제자가 되는 힘을 보지 못했을 것이다. 그 힘이 침묵하고 있었기 때문에 당신은 쓰러지고 만 것이다.

그 힘이 바로 끈기이다. 당신이 실패했을 때, 그 힘을 활약시키도록 한다면, 당신은 영원한 패배자가 되지 않았을 것이다. 여기에서 분명히 말할 수 있는 것은 만약 끈기가 없다면 무슨 일을 하든 간에 성공이라는 말에 보답할 만한 것은 순간적일지라도 무엇 하나 달성할 수가 없다는 사실이다.

「끈기」를 생각하면 나는 브로드웨이가 생각난다. 전 세계로부터 숱한 사람들이 부, 권력과 사랑, 그밖에 인류가 성공이라고 부르는 것들을 찾아서 브로드웨이로 모여든다. 그리하여 성공을 추적하는 사람이 그 추적을 이제는 그만 두고 위대한 존재가 되었을 때 전 세계의 사람들은 브로드웨이를 지배하는 다른 인간이 나타났다는 등의 이야기를 한다.

그러나 브로드웨이는 그토록 간단하고 빨리 정복당할 곳은 아니다. 브로드웨이는 기량을 꿰뚫어 보는 힘이 있고 천재를 인정하기는 하나 그에게 돈을 가져다 주는 곳은 아니다. 그가 쉬지 않고 노력한다는 것을 안 연후에 그에게 대가를 준다.

끈기를 가지고 마침내 브로드웨이를 정복한 여성을 소개하겠다. 허스트 양은 1915년 뉴욕으로 와서 작가로서 명성을 날리고자 했다. 글을 써서 돈을 벌기로 결심한 것이다.

허스트 양은 4개월 동안 뉴욕 뒷골목을 답사한 끝에, 그것을 소재로 해서 작품을 썼다. 매일 낮에는 일하고, 밤에는 펜을 잡았다. 희망이 꺼져갈 때에도 그녀는 「브로드웨이야, 너는 수많은 인간들을 내 쫓았지만 나를 내쫓을 순 없을 게다. 네가 나를 축출하기를 단념하도록 해주마!」하고 부르짖었다.

그녀는 세터데이 이브닝 포스트지 사에 무려 35번이나 거절당했으나 36번만에 통과했다. 보통사람이라면 그렇게 거절당하면 붓을 놓았겠지만 그녀는 4년 동안이나 끈질기게 찾아다녔다. 그녀는 마침내 성공했다.

그녀는 성공하게 되자, 돈이 들어오고 그의 작품이 영화화되면서, 막대한 금액을 벌어들였다.

당신은 이 이야기 속에서 끈기라는 것이 얼마나 큰 역할을 하고 있는가를 똑똑히 보았으리라 믿는다. 허스트양 만이 예외는 아니다. 성공한 사람은 예외 없이 이런 끈기를 가지고 있다.

끈기는 발전시킬 수 있다

끈기란 마음의 상태를 말한다. 따라서 끈기는 발전시킬 수 있다. 모든 마음가짐과 마찬가지로 끈기는 몇 개의 정확한 기반에 의해 뒷받침되어 있다. 그 요건을 들어 보기로 하자.

첫째, 목적의 명확성이다.

우선 당신이 무엇을 희망하고 있는가를 알아야 한다. 그것이 끈기를 키우는 가장 중요한 것이다. 당신에게 확고한 동기가 있어야만, 당신은 어떤 난관도 극복해 나갈 수 있다.

둘째, 욕망이다.

목표를 추구하려는 당신의 욕망이 강하기만 하면 끈기를 가지고 계획대로 추진해나갈 수 있다.

셋째, 자기 신뢰이다.

계획을 수행할 수 있다는 자신이 있으면, 끈기를 가지고 계획대로 해 나갈 수 있게 된다.

넷째, 계획의 확실성이다.

당신의 계획이 조직적인 것이기만 하면 설령 그것에 결점이 있거나 비현실적인 점이 있더라도 끈기를 키우는데 크게 도움이 된다.

다섯째, 정확한 지식이다.

당신의 계획이 건전하고 경험과 관찰에 의해 뒷받침된 것이라면, 끈기를 고취시키기엔 충분하다.

여섯째, 협력이다.

타인에 대해 동정적이며, 그 사람의 위치에 서서 이해하고 협조한다는 것은 끈기를 키우는 중요한 요건이 된다.

일곱째, 의지력이다.

명확한 목적 달성을 위한 계획작성에 있어서 당신의 사고를 집중하는 습관을 가진다는 것은 끈기를 키우는데 도움이 된다.

마지막으로 습관이다.

끈기는 습관의 직접적인 결과이다. 정신집중이 습관화되면, 끈기는 쉽게 이루어진다. 온갖 적중에서도 가장 나쁜 적은 공포이다. 그러나 이 공포도 용기 있는 행위를 되 풀이 함으로써 물리칠 수 있다.

■ 당신은 얼마나 끈기가 있는가?

당신은 지금 가진바 소질을 검토하고 무엇이 특히 모자라는가를 결정하는 것이 중요하다. 위에서 설명한 끈기의 여덟 가지 조목을 하나씩 검토해 보기 바란다. 이 분석을 통해서 당신 자신을 한층 더 잘 알게 될 것이다. 그리고 현재 당신이 달성하려는 큰 목표의 앞을 가로막고 있는 큰 적이 있다는 사실도 알게 될 것이다.

다음에 열거하는 것은 당신이 성공하기 위해서는 반드시 극복해야 하는 약점들이다.

1. 당신은 당신이 바라는 것이 무엇인지 알지 못하며, 또 그것을 명백하게 정의 내리지 못하는 일
2. 원인이 있든 없든 간에 주저주저 하는 일
3. 전문지식을 얻는데 전혀 관심을 갖지 않는 일
4. 문제에 대해서 진지하게 생각하려 들지 않고, 문제가 생기면 우유부단하게 내일로 미루는 일
5. 문제 해결을 위해 정확한 계획을 세우려 하지 않고 이 핑계 저 핑계로 변명을 하는 일
6. 매사에 적과 싸워 이기려 하기보다는 차라리 이내 타협을 해버리는 무관심한 태도

7. 단 한 번의 실패로 계획을 포기하고 마는 일
8. 아이디어나 찬스가 눈앞에 와 있는데도 불구하고 그것을 붙잡으려 하지 않는 일
9. 현실적인 계획을 갖지 않고 꿈만 쫓는 일
10. 성공에의 지름길만 찾아 헤매며 그에 응당한 노력을 하지 않고, 그냥 얻으려고 하는 일

▓ 다른 사람의 의견에 초연 하라

당신이 성공하기 위해서 필요한 극복해야 할 약점 몇 가지를 제시했다. 다음에는 당신이 비난받는 것을 두려워하는 것에 대해서 검토해 보기로 하자.

많은 사람들은 자기 행위가 다른 사람들에게 비난받을 것을 몹시 두려워한다. 두려운 나머지 자기 생각대로의 생활을 하지 못한 많은 사람들은 자신의 결혼이 잘못된 것이라고 생각하면서도 꾹 참고서 일생을 불행과 비참 속에 끝마치고 만다. 만일 이 잘못을 바로 잡아 이혼이라도 한다면 비난받을 것이 뻔하므로 그것이 두려운 것이다.

남녀노소를 불문하고 많은 사람들이 떳떳이 자기가 하고 싶은 대로하지 못하는 것은 제3자의 비난이 두렵기 때문이다.

사람들은 흔히 사업에 있어서 기회가 와도 그것을 붙잡으려 하지 않는다. 그 까닭은 기회라 해서 덤벼들었다가 실패하면 이러니 저러니 비평을 받는 것이 두렵기 때문이다. 그런 경우에는 성공하고 싶다는 욕망보다는 비난을 두려워하는 심정이 훨씬 더 강하기 때문이다.

「젊은이들이 맨 먼저 떠올리는 충동적인 사고는 남들이 무엇이라고 말할까 하고, 타인의 비판을 두려워 하는 그것이다.」

앤드류 카네기가 한 말이다. 참으로 옳은 말이다. 성공을 꿈꾸는 당신이 반드시 기억해야 할 조언이다.

당신의 마음 속에서 핑계를 마련하고 변명을 늘어놓으려는 생각이 번개처럼 머리를 쳐든다면, 그것은 당신이 타인의 비판을 두려워했기 때문이다.

「나는 그런 거창한 일은 도저히 할 수가 없어. 굉장히 오랜 세월이 걸려야 한다. 남들이 뭐라고 할까? 그동안의 생활비는 어떻게 벌어들이고? 이제 와서 승부철학이니 하는 따위의 체계를 세우려고 할 수 있느냐? 나는 그런 거창한 목표를 세울 수 없어. 가난뱅이 가정에서 태어난 것을 잊어서는 안 된다. 어디서 그런 철할 따위를 걸치고 왔단 말인가. 세상 사람들이 나를 미친놈이라고 할게다.」

이와 같은 갖가지 의문이 떠올라서 당신에게 깊은 생각을 요구할 것이다.

비판에 대한 공포는 당신의 아이디어와 욕망을 물리치려 할 것이다. 그리고 이런 비판을 의식하고 있는 한, 당신은 행동으로 옮기지 못할 것이다.

▨ 돌파구는 당신 스스로 만들어라

물질적 성공은 다행히 돌파구가 있다. 그러나 그 같은 행운에만 의지하려 한다면, 당신은 항상 실망 밖에는 되풀이할 것이 없을 것이다. 왜냐 하면 눈앞에 나타나는 성공을 확고하게 만들어 주는 요인을 당신은 그냥 넘기고 말기 때문이다.

미국의 대공황 시절에 코미디언이었던 필츠는 거의 빈털터리가 되고 말았다. 돈도 떨어지고 일거리고 없고 돈을 벌만한 흥행거리도 이미 없었던 것이다. 뿐더러 그의 나이는 60이 넘어 코미디언으로서는 과거의 사람으로 인정되고 있었다.

또 설상가상으로 그는 목에 병이 생겼다. 보통사람이라면 여기에서 모든 것을 단념하고 포기했을 것이다. 그러나 그는 끈기있는 인간이었다. 그는 드디어 돌파구를 발견하였다. 그것은 우연히 발견된 것은 아니었다.

당신이 반드시 성공하려면 돌파구는 스스로 찾아야 한다. 돌파구는 끈기 없이는 열려지지 않는다. 그리고 돌파구 추적의 발판이 되는 것은 뚜렷한 목표이다.

운명

천국의 문에는 이렇게 쓰여있다.
"운명에 굴복하는 얼빠진자에게
슬픔이 있으리!"

R.W.에머슨

2. 중단은 항상 너무 빠르다

지속의 원리
패배란 말은 입에 담지도 말라
계속하는 것이 힘이다
인식의 원리
어떤 상황에서도 중단하지 말라

독자에게 드리는 질문

당신은 어떤 일을 계획하고 추진해 나가다가 중도에 포기한 일이 있을 것이다. 그 후에 「내가 조금만 끈기 있게 계속했더라면 그 일을 완수했을 터인데」 하고 후회를 한 적이 있는가? 아니면, 그때 중단하기를 잘 했다고 지금도 생각하고 있는가?

중단할 때, 그것이 정당한 것처럼 보일지라도, 중단하는 시기를 적절히 잘 선택했을지라도 중단은 늘 너무 빠르다는 사실을 항상 기억해야 한다.

그 이유를 이 장을 통해서 터득하기 바란다.

지속의 원리

당신이 문제에 부딪쳤을 때, 특히 복잡하고 까다로워서 커다란 실망을 안겨주는 큰 문제에 직면했을 때는 그것을 해결하는 하나의 기본 원리가 있다. 즉 결코 중단하지 않을 것, 바로 그것이다.

단념은 완전한 패배를 초래한다. 이것은 당신이 직면하는 문제에 국한될 뿐만 아니라 모든 문제와 프로젝트에서 해당된다.

단념은 최종적으로 인격의 패배와 결부된다. 그리고 패배감을 심화시키는 경향이 있다.

당신이 지금까지 사용하던 방법으로 잘 되지 않으면 다른 방법을 찾아보는 것이 좋다. 새로운 방법마저 신통치 않을 때는 사태를 풀 열쇠를 찾을 때까지 계속 새로운 방법을 시도하는 것이다. 반드시 그 문제를 풀 열쇠는 존재하므로 끊임없이 잘 생각하고 탐색하다 보면 해결의 열쇠를 찾게 된다.

나의 친구 하나는 오찬 때 이야기가 핵심에 이르면 하얀 테이블크로스에 그림을 그리는 버릇이 있다. 어느 날 그와 나는 식사 도중에 어떤 훌륭한 사람에 대해서 이야기를 하게 되었다 그때 그는 테이블크로스에 거대한 산을 마주 대하고 서 있는 한 남자의 그림을 그렸다. 그는 그 인물은 자신이 짊어진 문제 보다 더 큰 문제를 해결했다고 입이 마르도록 칭찬한 다음 내게 그림을 보이면서 물었다.

『이 친구는 어떻게 하면 산 너머로 갈 수 있을까?』

『돌아가면 되지.』

내가 퉁명스럽게 대답했다.

『너무 멀어서.』

『그러면 땅 밑으로 가지!』

『아냐 너무 깊어서 안 돼. 방법은 있지. 머리 속에서 산을 오르는 거야. 사람이 1만2천 피트의 높이를 날아갈 수 있는 기계를 발명할 수 있다면 아무리 험한 산이라도 오를 수 있다는 생각이 들어.』

『그래, 그거 참 멋진 생각이야. 그러나 감정적으로 판단하지 말고 늘 중단이 너무 빠르다는 원리를 적용해야 돼.』

그는 고개를 끄덕였다.

최근에 나는 이 원리를 잘 활용한 사람으로부터 한 통의 편지를 받았다. 그는 최근에 차고용 조립식 벽을 개발하였다. 그는 회사를 세우고 전 재산을 투자하였다. 그러나 잘 되지 않았다. 회사가 점차 어려움에 직면하게 되자 그의 동료들은 「이제 그만 두라」고 말하였다. 그러나 그는 중단하지 않았다.

그는 그의 동료에게 단호하게 말하였다.

『나는 중단한다는 생각마저 거부한다.』

그는 깊이 생각한 나머지 한 아이디어가 떠올랐다. 그는 조립식 벽에 꼭 맞는 조립식 벽돌을 만들기로 결심했다. 그리고 결국 그는 그것으로 큰 성공을 거두었다. 그는 크게 성공한 이후 나에게 훌륭한 명언을 적어 주었다.

「중단은 늘 빠르다.」

목표나 목적을 가진 사람은 많다. 그들은 열심히 일했고 생각도 깊이 한다. 그러나 그들은 어려움이 닥치면 사기를 잃고 결국에는 중단하고 만다. 그리고는 「좀더 분투하였더라면, 또는 조금만 견디어 냈더라면」 하고 후회한다. 그리고 「중단은 늘 빠르다」는 진리를 뒤 늦게야 깨닫게 된다.

패배란 말은 입에 담지도 말라

그러면 어떻게 하면 중단하지 않고 끝가지 밀고 나갈 수 있을까?

첫째, 결코 패배란 말을 입에 담지 말아야 한다. 패배란 말을 쓰면 자기 자신이 패배를 받아들이고 말기 때문이다.

사업가로 성공한 사람을 예로 들어 설명하겠다. 그는 사업이 곤경에 빠져 매우 어려울 때 자신이 패배자의 길을 걷고 있음을 알아차렸다. 그것은 패배 자체와 결부되는 것이었다. 그래서 그는 희망, 신념, 승리와 같은 좋은 말만하기로 했다. 그때부터 모든 일에 자신감이 생겼으며, 사업도 조금씩 변화되기 시작했다.

휠리스 시몬케는 한 논문에서 부정적인 말을 하는 것이 얼마나 위험한가를 논했다. 그녀는 「아니오」라는 말은 문을 닫는다는 것을 나타내는 말이라고 하였다. 그것은 실패, 패배, 연기를 뜻한다는 것이라고 한다.

그러나 「아니오(No)」를 거꾸로 철자하면, 새로운 희망이 움튼다는 뜻이다. 그것은 전진을 뜻하는 온(on)이 된다. 따라서 당신의 문제가 해결될 때까지 전진(on)을 끈질기게 추진하라는 뜻이다.

당신이 목표를 향해 나아갈 때, 부정적인 말을 절대로 사용해서는 안 된다. 실제 어려운 일이 닥치면 누구나 부정적인 말을 하기 쉽다. 실제로 당신이 인생의 참다운 목적에 도달할 수 있느냐 없느냐 하는 것은 당신이 어려움에 봉착했을 때 당신이 어떻게 결정하느냐에 달려 있다.

▦ 계속하는 것이 힘이다

세계적인 사상가들은 끈기와 지속의 원리에 대해 이렇게 말한다.
「신은 인내하는 사람과 함께 있다.」   -코란-
「낙수 물도 대리석을 뚫는다.」
셰익스피어의 말이다. 단단한 대리석도 끊임없이 떨어지는 작은
낙수 물에 의해서 닳아버리고 만다.
영국의 위대한 정치가 에드먼드 버어크는 「결코 절망하지 말라. 비
록 절망하였다 할지라도 그 절망을 딛고 전진을 계속 하라.」고 역설
했다. 중단은 곧 패배이기 때문에 계속 밀고 나가라고 한 것이다.

▦ 인식의 원리

지속의 원리를 효과적으로 작용하게 하는 데에는 또 하나의 중
요한 원리의 도움이 필요하다. 그것은 곧 「인식의 원리」다.
인식의 원리란 무엇인가? 당신이 정신적으로 위축되거나 자기
패배의 상황에 놓이게 되었을 때 무엇보다도 필요한 것은 자기인
식이다. 패배의 내면적인 원인을 찾아내어서 그것을 깨닫지 않으면
안 된다. 외면적인 원인뿐만 아니라 내면적인 원인도 찾아야 한다
는 것이다. 즉 자기가 어떤 사람인가를 알아야 하며, 또한 당신의
내면에 존재하는 힘을 인식하고 개발해야 한다. 그러면 자연히 패
배에서 승리로 전환될 수 있는 것이다. 사실 많은 실패자들은 내면
적으로 통제가 이루어지지 않아 시간을 헛되이 보내고 실패하게
된 경우가 많다. 그들은 자신이 도대체 어떤 사람인가에 대한 통찰

력이 부족하다. 그들은 최악의 적은 자기 자신임을 깨닫지 못한다. 따라서 그들은 아무리 열심히 노력해도 실패한다. 원인은 그들 자신 내부 무엇인가에 있다.

세상에서 가장 알기 어려운 것이 자기 자신이다. 당신은 당신이 하고자 하는 것이 무엇이든지 그것이 옳고 정당하다고 생각하는 「자기 방위 조직」을 가지고 있다. 그것은 불합리한 것도 합리적인 것으로 보게 한다.

많은 사람들이 자기 자신에 대하여 알려고 하지 않는다. 그들은 다른 사람의 문제에 대해서는 알려고 하면서도 자기 자신은 직시하려고 하지 않는다. 인생에 있어서 가장 위대한 순간의 하나는 자기로부터 도피하려고 하지 않고 현실의 자기를 깊이 이해하기로 결심하였을 때다.

당신이 실패하는 것은 단순히 외부의 상황을 처리하지 못해서 일어나는 것만은 아니다. 실패란 내면의 즉 정신적 갈등에 의한 것이다.

당신은 참다운 당신 자신을 안 다음 거기에 바탕을 두고 당신 자신을 교통해야 한다. 이것이 바로 인식의 원리이다.

거울 앞에 서서 당신 자신에게 물어 보라. 「너에 대한 진실을 알고 싶다.」고. 그러면 즉시 당신의 마음이 대답할 것이다.

「어째서 너는 그렇게도 너 자신을 모르는가? 너는 그런 일에는 관심을 갖지 말라.」

정상적이고 건전한 정신의 소유자는 자신에 대한 올바른 인식이 항상 자기 발전의 시작임을 깨닫는다.

당신은 무엇보다 먼저 이 인식의 원리를 깨닫고 그것을 응용하여 자신의 내부에 있는 잠재능력을 발휘해야 한다. 당신의 잠재능력이 제대로 발휘하기 시작하면 새로운 힘이 생기며, 그 힘은 당신의 능력을 극대화시킨다.

또한 당신의 창조성이 발휘되기 위해서는 먼저 당신 자신을 알고, 어떠한 장애에도 위축됨이 없이 전진할 수 있는 결정적인 힘을 낳는 체험을 하지 않으면 안 된다.

▩ 어떤 상황에서도 중단하지 말라

어떤 어려운 상황이나 완전히 희망이 좌절된 것처럼 보이는 상황에서도 만일 희망을 버리지 않는다면 문제가 해결되는 일이 수없이 많다. 그 중에 하나로 필자의 경험을 들어 설명하겠다.

나는 미시간주 호란드에서 강연을 마치고 그 다음 날 밤엔 애리조나의 휘닉스에서 강연하기로 되어 있었다. 평소의 교통사정이라면 틀림없이 그곳에 도착할 수 있었다. 이튿날 아침의 첫 비행기로 그랜드 라피디스를 출발하여 시카고에 도착, 거기서 휘닉스로 가는 비행기를 타면 시간적으로 충분한 여유가 있었던 것이다.

그러나 이튿날 아침 호란드의 날씨는 호텔 창문에서 바로 앞에 있는 자동차도 보이지 않을 만큼 안개가 자욱하게 껴 있었다. 나는 공항에 전화를 걸었다. 공항은 안개 때문에 폐쇄되어 물론 비행기는 한대도 뜨지 않았다.

나는 디트로이트에 전화를 걸었다. 그곳도 안개로 비행기 이착륙이 불가능했으며 시카고의 오레아 공항도 이 정도면 오늘 아침은 힘들 것이라고 했다. 다급한 나는 다시 미네아폴러스에 전화를 걸었다. 이곳도 안개로 폐쇄되어 있었다. 결국 나는 안개로 갇히고 말았던 것이다. 수백 킬로미터나 떨어진 휘닉스에서 오늘밤에 연설하기로 되어 있었는데 말이다.

나는 할 수 없이 느긋하게 앉아서 생각하는 시간을 가졌다. 지속의 원리를 실천한 것이다. 휘닉스의 사람들은 8개월이나 나를 기다리고 있었다. 전화로 오늘 가지 못한다는 말을 도저히 할 수 없었다. 그래서 나는 최후로 적극적인 마음의 소리에 귀를 기울여 다시 시도하기로 하였다. 나는 자동차를 빌려 시카고로 향하였다. 그곳에 도착하면 안개가 걷힐 것으로 기대했다.

시카고까지는 320킬로로, 50킬로 정도 갔을 때 자동차의 상태가 좋지 못하여 앞길이 암담하였다. 그러나 나는 주저하지 않았다. 서비스센터로 차를 몰았다. 거기서 유능한 자동차 수리공을 만나 자동차를 고쳤다.

나는 그곳에서 다시 시카고 공항으로 전화를 걸었다. 다행히 오후 4시에 한편만 운행한다는 연락을 받았다. 그 비행기를 타면 어떻게든 휘닉스로 가서 강연할 수 있을 것 같았다.

차를 몰아 공항으로 달려갔다. 가는 도중에 조금 전에 고친 곳이 이상이 있었으나 다행이 가까스로 공항에 도착할 수 있었다.

공항 대합실은 사람들로 붐비고 있었다. 어떻게 할지 몰라 당황하고 있는데, 나를 알아본 공항 직원이 나타났다. 나는 그에게 사정 이야기를 하자, 그는 이렇게 말했다.

『저희 비행기는 모두 결항입니다만, 다른 회사의 비행기가 한 편 있습니다. 그것을 타시면 강연 시간에 당도할 수 있습니다. 단념하지 마십시오.』

30분이 지나서 그 직원이 다시 나타났다.

『비행기는 떠납니다만 빈자리가 없습니다. 하지만 출입문 쪽으로 가봅시다, 혹시 해약된 것이 있을지도 모르니까요.』

비행기가 이륙하기 직전 그는 다시 다가와서 좌석표 하나를 나의 손에 쥐어주면서 인사를 하고 헤어졌다. 나는 덕분에 휘닉스 강연이 시작하기 45분전에 도착할 수 있었다.

모든 일이 잘 되지 않을때일수록 적극적인 마음으로 끈기 있게 기다려야 한다. 끝가지 참고 견디면서 모든 방법을 시도하면 당신의 목적은 달성될 수 있다.

이제 틀렸다고 생각하면, 당신의 정신상태는 더욱 더 어려운 문제를 불러 일으켜서 당신을 패배시켜 버릴 것이다. 따라서 어떤 어려운 상황에 부딪치더라도 구실을 만들지 않고 계속 전진해 나간다면 상황은 급변할 것이다.

나의 최대의 영광은 한번도 실패하지
않는 것이 아니라 쓰러질 때마다 일
어나는 데 있다.

골드 스미스

3. 실패의 10가지 원인들

실패의 원인

독자에게 드리는 질문 ━━━━━━━━━━━━━━━━━━━━━━━━━━━

당신은 지금까지 실패한 경험이 한두 번은 있을 것이다. 대학입학 시험이나 취직 시험 등. 그 실패의 원인이 어디에 있다고 생각하는가?

혹시 당신이 자신의 능력을 제대로 알지 못하고 시도했다가 실패한 것은 아닌가?

우리는 자신의 능력을 과대 평가하거나 과소 평가하는 경향이 있다. 그래서 제대로 능력을 발휘하지 못하고 있는 것이다.

앞으로 다시금 그런 실패를 되풀이하지 않기 위해 실패의 원인을 철저히 깨닫도록 하자.

실패의 원인

실패의 원인은 광범위하고 복잡하며 여러 곳에서 나타난다. 개인의 삶에 따라서 달라지며, 성공과 실패라는 두 낱말에 따라서 좌우되기도 한다.

그리고 심리적인 상태에 의해서도 좌우된다. 그러나 실패의 가능성은 공통적이고 분명한 형태를 갖는다.

실패의 원인은 대략 10가지로 분류될 수 있다. 그 10가지는 가장 기본적인 것이며, 당신이 스스로 찾아내어 정복해야 한다. 또 그중 몇 가지는 절대로 소홀히 해서는 안 될 것이다.

당신이 실패의 원인을 알고 정복할 때 대부분의 장애물은 제거된다. 아무도 당신을 위해 장애물을 제거해 주지 않는다. 당신이 스스로 그 길을 닦아야 한다. 혹 누군가가 도움을 준다해도 직접적인 일은 당신 혼자서 해결해야 한다.

책임을 다른 사람에게 돌린다

첫 번째 장애물은 책임을 다른 사람에게 돌리는 것이다.

우리는 때때로 성공이나 실패를 행운이나 불행의 탓으로 돌린다 그리고 운이란 신이 인간의 일에 개입하는 행위라고 생각한다. 그래서 그들은 그 내면적인 것을 거의 보지 못하고, 단순히「그것에 대한 책임」만 따진다.

그러나 성숙한 사람들은「나에게 그런 행동을 하도록 한 것은 무엇인가」하고 생각한다.

대부분의 사람들은「그것은 내 잘못이다」라고 솔직히 인정하기를 꺼려한다. 그래서 실패나 과오에 대해 어린 아이의 방법을 택한다. 어린 아이가 형에게 책임을 돌리는 것은 인간의 본능이다. 그들은 늘「형이 나에게 그렇게 했어」하고 생각한다.

다른 사람의 탓으로 돌리는 것은 이미 우리 인생의 반은 실패했으며 남은 절반도 실패로 향하고 있음을 증명하는 것이다.

많은 사람들이 실패를 있는 그대로 인정하지 않으려 한다. 따라서 실패를 극복할 수 없다. 그저 가공의 인물을 내세워 그에게 탓을 돌리고 그와의 싸움에 많은 시간을 낭비한다. 자연히 어떤 승리도 쟁취하지 못한다.

당신이 진정 싸워야할 싸움은 당신 자신과의 싸움이다 언제까지나 당신이 외적인 것에 힘을 쓰고 있다면 결코 이길 수 없다.

자기비판에 빠져있다.

두 번째 장애물은 자기 비난이다.

「왜 나는 이렇게 바보인가? 나는 얼마나 잘 속는가? 왜 나는 항상 착각하며 사는가? 나는 바보 천치다!」

당신은 실제로 자신이 바보도 아니며 잘 속는다고 믿지 않는다. 그러면서도 자기 비난에 빠지는 것은 실패를 위장하려는 가장 손쉬운 방법이기 때문이다. 그러나 그 결과는 문제를 더 심각하게 하고 더 복잡하게 만들 뿐이다.

당신은 실패 뒤에 숨어 있는 핵심과 싸우려 하지 않으며, 그 문제는 해결하려고도 하지 않는다. 그 문제가 다시 생기지 않도록 방지하려고도 하지 않는다. 그리고 자신을 비난하고 자학한다. 결국 그 실패는 되풀이되고 있다.

이것이 당신의 인생에서 가장 치명적인 것이며, 또 위험스러운 것이다. 자기 비난은 열등감과 불안감을 더욱 깊게 한다. 그것은 잡초처럼 무성하게 자라서 당신 마음에 잘 가꾸어진 정원마저 망쳐버린다.

당신은 자기 비난으로부터 시작하여 자기 부정과 자기 경멸에 이르며 마침내 자기 파멸에 도달하게 된다. 또한 지나친 자기 비난은 죄의식에 빠지게 한다. 거듭되는 실패로 자신을 비난하는 습관에 빠지면 당신은 다른 사람의 실패에 대한 비난의 기회를 찾게 된다.

자기 비난은 자기 발전을 저해한다. 발전의 문을 닫게 되면 당신의 인격은 퇴보하고 만다. 또한 우울한 사람이 되어 작은 일로도 번민에 빠진다. 강한 빛에 의해 더 눈이 나빠지는 것처럼 자기 비난은 의지를 마비시키고 의혹을 약화시킨다.

목표가 없다

세 번째 장애물은 목표가 없는 것이다.

그래서 윌리암 메닝거 박사는 다음과 같이 말했다.

「만일 누군가 어느 곳에 가고자 한다면 무엇보다도 먼저 자기가 가고자 하는 곳이 어디인지를 알아야 한다. 그리고 그곳을 향해 곧장 따라간다면 보다 일이 순조로울 것이다.」

어떤 목표를 세우고 그 목표를 향해 나가면서 그 과정에의 다음 길을 예비해야 한다. 당신은 당신이 원하고 바라는 것을 알고 있기 때문에 더 열심히 그 길을 향해 갈 수 있다.

인생의 목표가 「노는 것」인 사람도 있다. 그들은 즐기는 것 이외에는 아무 것도 생각하지 않는다. 때로는 다른 사람은 물론, 자기 자신까지도 희생시킨다. 의미 없이 사는 사람이다.

그들은 천부적인 재능을 무의미한 쾌락에 낭비한다. 자신의 에너지를 쾌락으로 소비한다. 그들이 어쩌다 목표를 정하는 경우에도 한꺼번에 많은 목표를 세워서 그들의 많은 재능을 소비한다 그리고는 손에 잡히는 것은 무엇이든지 그 가치를 과장한다. 이처럼 그들의 마음속에는 아무 의미 없는 것들로 차게 되고, 나중엔 삶의 목표를 그저 막연히 방치하게 된다.

결국 모든 것은 상실된다. 생의 의욕도 위축되고, 생의 본능도 위축된다. 마음도 둔해지고 몸은 축 늘어져 있다. 마침내 그 어떤 기회가 주어졌을 때, 그들은 준비가 되어 있지 않다. 그래서 모든 것은 허사가 되고 만다.

잘못된 목표를 선택한다

네 번째 장애물은 잘못된 목표의 선택이다.

중국의 우화 하나를 소개하다. 항상 금(金)에 집착하던 한 사람이 어느 날 보석상에 들어가 금화가 가득히 들어있는 주머니를 훔쳐 가지고 도망쳤다. 그러나 얼마 못 가서 경찰에 체포되었다. 경찰관이 심문하면서 물었다.

『당신은 왜 밝은 대낮에 금주머니를 훔쳤소?』

『제 눈에는 금밖에 보이는 것이 없어서…』

목표를 잘못 선택하여 그것에만 집착할 때 위에서 말한 우화의 주인공과 같은 실패를 범하게 된다.

성공한 많은 사람이 성공의 기쁨보다는 허탈감이나 허무감에 빠져 버리는데 그 이유가 바로 여기에 있다 그들은 자신이 세운 목표를 달성했으나 잘못 선택한 목표였다. 그래서 그 목표달성이 오히려 그들의 마음을 황폐하게 만들고만 것이다.

여러 해 동안 피땀 흘려 노력한 끝에 얻은 성공, 그러나 행복하지 않다. 심한 허무감과 서글픔만이 가슴 속 에 꽉 차 있다. 그래서 전문분야를 바꾸는 경우도 있다.

책임 있는 사람은 쉽게 남에 말에 좌우되지 않는다. 그는 스스로 인생의 행로를 발견하며, 때로는 그 행복이 어떤 것인지도 알게 된다. 그러나 그때 조급하게 변혁을 시도하지 않는다.

확실한 선택을 하기 위해서는 많은 생각과 또 자신에게 정직할 필요가 있다.

쉬운 길을 택한다

성공을 향한 길에 있어서 다섯 번째 장애물은「쉬운 길」을 택하는 것이다.

많은 사람들이 성공에 이르는 가장 쉽고, 가장 빠른 방법을 선택한다. 그리고는 그 성공이 환상적이었음을 발견하게 된다.

근면은 반드시 당신에게 즐거움을 주는 것은 아니다. 그러나 근면 없이 성공과 행복의 길에 이르지 못한다.

최소한의 전류 저항선의「손쉬운 길」은 만족한 성공을 가져다 주지 못한다. 앞에서 이야기한 부적합한 목표의 선택도 지나치게 손쉬운 지름길을 추구하려는 의도에서 나온 것이다. 쉬운 지름길은 대개 정직한 법칙을 따르기를 거부한다.

임기응변적인 거래 방식이나 강인한 추진력도 성공에는 필요하다. 그러나 그러한 방식은 길을 단축시킬지 모르나 그것들로 인해서 얻은 성공은 행복과는 먼 것이 될 수도 있다.

먼 길을 택한다

여섯 번째 장애물은 먼 길을 택하는 것이다.

「가장 먼 길이 집으로 가는 가장 빠른 길이다」라는 속담이 있다. 이 속담이 맞는 경우도 있지만, 인생에서 항상 그런 것은 아니다.

언젠가 아인슈타인은 상대성 이론을 설명해 달라는 요청을 받고 이렇게 말했다.

「어떤 젊은이가 사랑하는 연인과 함께 있을 때 그 한 시간은 1분처럼 느껴진다. 그러나 같은 젊은이가 1분 동안 뜨거운 스토브 위에 앉아 있다면 그 1분은 한 시간처럼 느껴진다. 우리는 상대성이 아닌 현실만을 있는 그대로 말하는 경향이 있다.」

50대 후반이나 60대 초반 사람들의 장례식에서 그들에 대한 애기를 들어보면 그들은 대부분 처음 직업을 가졌을 때 다른 모든 즐거움을 유보하고 오로지 돈을 버는데 전념했다. 성공을 거두고 이제 남은 인생을 즐기려는 순간 그들은 갑자기 세상을 떠났다.

돌아가는 가장 먼 길이 집으로 가는 가장 짧은 길이 아니다. 너무 오래 기다리거나 너무 먼 여행을 하다 보면 목표를 이룰 수 없게 되고 만다.

작은 일에 소홀히 한다

일곱째 장애물은 작은 일을 너무 소홀히 하는 것이다.

작은 일을 소홀히 해서는 안 된다는 점을 잘 나타낸 이야기를 하나 소개하겠다.

맥킨리 대통령은 똑같이 유능한 사람들 중에서 한 사람을 택하여 외교관의 업무를 맡겨야 했다. 두 사람 다 오랜 친구로 어느 누구를 선택할지 고민하게 되었다. 그때 그는 옛날 일을 한 가지 회상했다.

어느 폭풍이 몰아치는 저녁이었다. 맥킨리는 전철을 타고서 한구석에 앉았다. 그때 나이가 지긋한 아주머니가 무엇이 가득히 들어 있는 바구니를 머리에 이고 전철에 올라왔다. 그녀에게 어느 누구도 자리를 양보해 주려 하지 않았다.

맥킨리의 두 친구 중에 한 명이 부인 가까이 앉아 있었는데 그는 신문에 몰두한 체하며 그 부인을 보지 못한 척 했다. 맥킨리는 그 부인에게 다가가서 자리에 앉으라고 권하면서 자리를 양보했다. 그런데 그때까지도 그 친구는 부인을 못 본 척 외면했다.

맥킨리는 그때의 일을 회상하고 그 친구에게 외교관의 자리를 주지 않았다. 그 친구는 그때의 일로 자신이 외교관의 자리에 앉지 못한 것을 알지 못했을 것이다.

이와 같이 작은 일의 중요성을 말해 주는 이야기는 수없이 많다.

훌륭한 경영자는 결코 작은 일을 소홀히 하지 않는다. 그 작은 일을 잘못 다루게 되면 큰 문제가 되리라는 것을 알고 있기 때문이다.

성경에는 작은 일을 잘 처리한 종의 이야기가 나온다. 주인은 그 종이 작은 일에 책임을 다하였음을 알고 『착하고 충성된 종아, 네가 작은 일에 충성하였으니 내가 많은 것을 네게 맡기리라』고 말했다.

너무 빨리 단념한다

여덟째 장애물은 너무 빨리 단념하는 일이다.

최근에 필자가 어느 잡지에서 「성공의 조약돌」 이라는 기사를 읽은 일이 있다. 그 기사 내용을 여기에 소개하고자 한다.

라파엘 솔라노는 메마른 강바닥에 털석 주저 앉아서 친구에게 푸념을 늘어놓고 있었다.

『더 이상 계속하여도 소용이 없을 것 같아. 이 조약돌은 구십 구만 구천 구백 구십 구 번째의 돌이야. 하나만 더 집으면 백만 개째일거야. 그런데도 다이아몬드를 찾지 못했으니…』

그 세 사람은 베네쥬엘라에서 물줄기를 따라 다이아몬드를 찾는데 여러 달을 보냈다. 그들은 쉬지 않고 일했다. 이제 그들은 지쳐 있었다. 그래서 솔라노가 단념하겠다고 말한 것이다.

『아니야, 다시 찾아보는 거야!』

친구가 말하자 솔라노는 허리를 굽혀 조약돌을 하나 집어 들었다.

『이게 마지막이야.』

그런데 그 조약돌은 무거웠다. 그래서 이상하게 생각한 그가 조약돌을 내려다보는 순간, 그만 깜짝 놀랐다. 그는 기쁨과 놀라움에 소리쳤다.

『아! 다이아 몬드다!』

뉴욕의 한 보석상에서 그 다이아몬드를 2백만 달러에 구입했다.

그것은 지금까지 발견된 가장 크고 순수한 다이아몬드였다.

그 축복은 솔라노가 백만 번째의 조약돌을 포기하지 않은 결과였다. 그는 계획했던 목표를 거듭되는 실패에도 불구하고 끝가지 해냈다.

성공과 실패의 차이는 빨리 단념하는 데에 있다는 것을 명심해야 한다. 앞서고 있는데도 단념한다는 것은 어리석은 일이다. 그러나 뒤쳐져 있다해서 단념한다는 것은 더 어리석은 일이다.

성공은 운에 좌우되지 않으며, 오직 실패를 정복하는 데에 있다. 어려울 때, 하던 일을 단념한다는 것 자체가 큰 실패이다.

과거의 기억에 사로잡혀 있다

아홉 번째의 장애물은 과거의 짐이다.

당신이 과거의 기억에서 완전히 해방된다는 것은 불가능한 일이다. 다만 그 기억들을 받아들여야 한다.

과거의 기억은 당신에게 용기와 확신을 줄 수도 있다 그와 반대로 낙담과 패배의 울타리 안에 묶어둘 수도 있다. 즐거운 과거일지라도 당신을 속박할 수 있다.

선조의 이름이나 업적을 자랑하며 앞으로 나아가지 못하는 사람이 있는가 하면, 단 한 번의 성공에 만족하여 더 이상 발전을 못하는 사람도 있다. 그러나 당신에게는 사기를 꺾는 기억들이 더 많을 것이다. 고통과 상실, 그리고 실패에 대한 기억들은 삶의 의욕을 꺾어버린다.

미래를 향해 활기차게 걸어가는 일이 결코 쉬운 일은 아니다. 하지만 과거에 사로잡혀 있다면 결국 퇴보하고 말 것이다.

내일 문제가 새로운 고통을 가져다 줄 수도 있다. 그러나 어제의 문제는 끝났다. 물론 어제의 고통이 계속 고통을 주기도 하지만 그 고통은 이미 불안을 주지 않는다.

과거를 생각한다는 것은 현재의 고통을 잊게 하는 안전한 방법일지 모른다. 그러나 얼마의 시간이 지나면 그것으로 인해 앞을 향해 나갈 수 없음을 알게 된다. 결코 후회라는 늪에 빠져서는 안 된다.

『앞을 향해 나아가는 한 나는 어디론가 갈 것이다.』

위대한 탐험가 데이빗 리빙스턴의 말이다. 그렇다. 당신은 앞을 향해 걸어가야 한다. 그것이 본능이 되도록 해야 한다.

인생은 성장의 과정이다. 성장하기를 주저하고 새로운 것에 두려움을 느낀다면 그것은 곧 인생을 포기하는 것과 같다.

성공에 대한 착각에 빠져있다

열 번째 장애물은 성공에 대한 착각이다.

성공은 변덕의 여신이다. 당신은 변덕의 여신을 안다고 말하지만, 그 여신은 당신이 아는 것보다 더 현명하다.

우리 중에 많은 사람들이 하나의 성취감에 속고 있다. 그 성취감은 성공의 흔적을 지니고 있어서 그것이 곧 성공인양 착각하게 만든다.

당신은 그 환상에서 벗어나야 한다. 당신은 당신이 이루어 놓은 것만을 인정해야 한다. 당신은 가면을 쓰고 당신에 대한 과장된 이야기를 그대로 받아들이면 안 된다. 그러면 당신은 본래의 당신 자신이 되지 못한다.

당신은 칭찬을 성공으로 착각한다. 성공이 영원히 당신 것 인양 착각할 수도 있다. 그래서 더 큰 성취감은 불필요하다고 생각한다. 참된 성공에 대한 권리를 포기하고 있다.

성공한 다음, 그 성공이 영원한 것으로 보일 때처럼 위험스러운 때는 없다. 그때는 자만과 자신감을 갖게 된다. 그래서 새로운 문제가 발생하면 더 당황하게 된다. 「이미 성공했는데 이렇게 큰 문제가 생기는가?」라고 자신에게 반문하게 된다.

성공은 변덕스러운 것이다. 계속 노력해야 한다.

성공은 어떤 경우든 영원한 것이 될 수 없다. 어떤 승리도 더 높은 목적을 위한 수단으로 이용되지 않는다면 그 가치는 상실된다.

승리는 일시적인 것이다. 그리고 본질적으로 무용한 기쁨이다.

당신은 성공 그 자체를 인생의 목적으로 삼아서는 안 된다. 그러면 그 성공의 환상이 주는 고통에서 벗어날 수 없다.

다른 사람이 참을 수 없는 것을 참
아내야 만 비로서 다른 사람이 할
수 없는 것을 할 수 있을 것이다.

법구경

4. 끝까지 인내하라

성공의 중요 원리
당신은 어디에선가 출발했다
항상 목표를 생각하라
신화적 인물이 되다
이기려는 의지가 필요하다
인내력을 향한 열 가지 행동단계

독자에게 드리는 질문

당신은 시작한 것을 완성하는가? 아니면 쉽게 포기하는가?
다시 싸우기 위해서 당신은 무엇을 하는가?
다른 사람들이 당신을 행동지향형으로 보는가?
당신의 기회는 지나가 버렸는가? 아니면 앞으로 다가올 것인가?
당신의 올해 목표를 검토해 보라.
당신이 옳다고 믿을 때도 망설이는가?
당신은 장애물을 징검다리로 바꾸는가? 구체적으로 그런 예를
서너 개정도 작성해 보라.

성공의 중요 원리

　누구나 성공을 원한다. 대부분의 사람들은 성공을 꿈꾸며 많은 세월을 보낸다. 성공을 이야기하고, 어떻게 하면 성공할 수 있느냐에 대한 이야기가 나오면 불원천리 마다 않고 달려가서 들으려고 한다. 이러한 사람들 중에 분명히 당신도 포함되어 있다.

　그런데 그렇게 해서 성공하게 되는 일은 거의 없다. 성공은 그렇게 쉽게 얻어지는 것이 아니다. 확고한 목표를 세우고 신념을 가지고 열심히 노력한다고 하더라도 중도에 수없이 많은 난관과 장애물이 있기 마련이다. 그래서 성공은 「활동하고 있는 신념」이라고 하는 것이다. 일을 계속하면 결국 성공하게 될 것이라는 희망을 결코 포기하지 않는 자의 보상이 성공인 것이다.

　성공의 원리 중에 하나는 대다수의 사람들이 하지 않는 일을 하는 것임을 잊어서는 안 된다.

　읽거나 배우거나 일하지 않는 사람은 참으로 인생의 패배자이다.

　그들은 인생의 싸움터에서 패배해서라기보다 태만해서 실패자가 되는 것이다.

　오늘날 사회적, 경제적인 조건은 성공하는 것을 금하지 않는다. 영화 록키Ⅲ에 출연했던 성격배우인 T씨는 이렇게 말했다.

　「나는 빈민굴에서 자랐지만, 내 안에는 빈민굴이란 존재하지 않는다.」

　성공하기 위해 필요한 것은 인내와 노력이다. 다음 이야기가 참고가 될 것이다.

　월머는 여섯 살의 어린 소녀이다. 그녀는 생각하고 있었다. 「이 작은 도시를 떠나서 여행하고 싶다. 그리고 넓은 세상속에서 내 자리를 잡는거야.」

사실 월머는 아주 작은 어린 아기때부터 여행 경험이 있었다. 집에서 남쪽으로 80km 떨어진 곳에 '내시 빌 병원'이 있었는데 월머는 치료를 받기 위하여 수년간이나 이 병원을 버스를 타고 다닌 것이다. 월머는 태어날 때부터 조산아로 태어났다. 더욱이 소아 마비에 걸렸기 때문에 그녀의 왼쪽다리는 구부러 졌고 그것 때문에 양말을 신으면 안쪽으로 양말이 꼬였다. 당연히 다리에 보족 장치를 하고 다녔는데 저녁 식사때가 되어 식탁까지 가는 경주에서는 다른 형제, 자매들과는 경쟁이 안 되었다.

월머는 병원에 갔을 때 항상 의사에게 묻곤 하였다. 어떤 때는 세 번, 네 번을 연거푸 물었다. 「언제, 이 보족장치없이 걸을 수 있나요?」 의사는 그 때마다 월머가 실망하지 않도록 조심스럽게 대답했다. 「좀더 두고보자. 곧 좋아질거야」

집으로 돌아오는 길에서는 그녀는 주위에 귀여운 아이를 거느리고 있는 행복한 어머니가 되는 꿈을 꾸곤 했다. 또한 그녀는 인생에서 특별한 공헌을 하고 나아가 아름다운 세상을 경험하는 꿈을 어머니에게 이야기하곤 했다. 사랑이 넘치고 의지가 강한 그녀의 어머니는 월머의 말을 참을성 있게 들어주고 다음과 같은 말로 딸을 안심시켰다.

『애야, 인생에서 가장 중요한 것은 네가 그것을 믿고 계속 노력하는 것이란다.』

11세의 그녀는 그 보족 장치를 언젠가는 떨쳐 버릴 것이라고 믿기 시작했다. 의사는 그다지 확신하진 않았으나 다리를 조금씩 운동시킬 것을 제안했다. 월머는 자신의 다리가 약간의 운동보다는 많은 운동이 훨씬 더 좋을 것이라고 생각했다.

월머의 가족들은 독실한 기독교 신앙을 갖고 있었는데, 정직은 그녀가 항상 실행했던 미덕이었다. 그러나 이 한 가지에서만은 「그 원칙을 약간 어겼다」고 그녀는 술회하고 있다.

의사는 가족 모두에게 매일 윌머의 다리 운동시키는 방법을 가르쳐 주었다. 그러나 윌머는 마사지에 대해서 의사와 다르게 생각했다. 그녀는 부모가 집을 나가고 없을 때면 형제 자매중 한 사람을 「망보는 사람」으로 문 옆에 서 있게 하였다.

그리고 그녀는 매일 보족 장치를 떼어 버리고 고통스럽게 몇 시간 동안 집 주위를 걸었다. 만약 누가 들어오면 파수꾼은 얼른 그녀를 침대로 데리고 가서 보족 장치를 떼어 버린 것을 숨기기 위하여 다리 마사지를 하고 있는 것처럼 했다.

이런 일이 약 1년 동안 계속되었다. 그녀는 자신감은 생겼지만 남을 속였다는 죄의식 때문에 고통스러웠다. 그녀는 자기가 하고 있는 이 치료법을 어머니에게 어떻게 말해야 될지 걱정스러웠다.

내시빌에서 정기 검진을 받을 때 윌머는 심판의 날이 왔다고 생각했다.

『선생님께 고백할 일이 있어요.』

그녀는 의사에게 말했다. 이어서 그녀는 보족 장치를 떼어버리고 의사가 앉아 있는 곳까지 걸어갔다. 이 기적적인 순간을 모두 지켜보고 있었다. 그러나 윌머의 이러한 행동은 사실은 치료하는데 있어서 집안 규칙에 위배된 것이었기에 윌머는 걷고 있는 동안 등 뒤에 어머니의 시선을 느낄 수 있었다.

『언제부터 이렇게 해 왔느냐?』

의사는 놀라움을 억제하면서 물었다.

『작년부터요.』

그녀는 어머니를 직접 보지 않으려고 애쓰며 말했다.

『저는… 가끔… 보족장치를 떼어버리고 집 주위를 걸어다녔어요.』

『좋아, 이 사실을 정직하게 말해 줬기 때문에 때때로 네가 보족 장치를 떼어버리고 집 주위를 걸어다니도록 허락하겠다.』

의사는 대답했다. 「때때로」가 유일한 허용이었다. 그러나 그녀는 다리는 그 보조 장치를 다리에 붙이지 않았다.

당신은 어디에선가 출발했다.

월머가 열두 살 되었을 때 그녀는 소녀들이 소년들처럼 달리며 뛰어 노는 것을 보았다. 그녀는 집에만 묶여 있었기 때문에 다른 사람들이 그녀를 방문해야 했다. 월머는 좀더 성숙하여 세상을 탐색하기 시작하면서부터 그녀는 여자들이 하는 모든 운동을 정복해야겠다고 결심했다.

그때 그녀보다 두 살 더 먹은 언니 이본느가 여자 농구팀에 들어가려고 애쓰고 있었다. 그녀도 언니와 함께 같은 팀에서 뛸 수 있다면 얼마나 좋을까 하고 생각하면서 입단 결심을 했다.

그러나 그녀는 30명의 신청자 소녀들 중에서 12명의 최종 합격자 명단에 낄 수 없다는 것을 알고 기가 꺾였다. 그녀는 그들 모두에게 자기가 아주 유능하다는 것을 보여 주고 싶었다.

집으로 가는 도중 길에서 그녀는 농구 코치의 차를 보았다. 그녀는 생각했다.

「내가 팀에 들어가지 못했다는 것을 부모님께 알리려고 왔을 꺼야!」

그녀는 뒷문으로 달려가서 집 안으로 조용히 들어섰다. 그들의 대화를 엿들으려고 부엌문에 바짝 기대섰다.

농구 코치는 언니가 몇 시에 연습을 마치고 집으로 돌아올 것인지, 누가 샤프롱이 될 것인지, 그리고 딸이 팀에 들어갔을 때 부모로서 알아야 할 모든 세세한 사항들을 바쁘게 설명하고 있었다. 그녀의 아버지는 말이 많지 않은 사람이었다. 대신 그가 말했을 때 그것은 법이었다.

『이본느가 팀에 가입하는 것에 대해서만 내가 서명을 하도록 되어 있군요.』

농구 코치가 분명히 말했다.

『내 딸들은 항상 둘이 같이 다닙니다.』

아버지는 천천히 말했다.

『그러므로 이본느를 원한다면, 그 애의 샤프롱으로 윌머를 택해 주십시오..』

정확히 말하면 그것은 그녀가 마음으로 원했던 것은 아니었다. 그러나 그것이 시작이었다.

윌머는 아버지가 팀에 끼워 주는 것과 코치가 뽑아 준 것과는 전적으로 다르다는 것을 곧 알게 되었다. 그녀는 다른 열 두명의 소녀가 분개하고 있다는 것을 느낄 수 있었다. 그러나 유니폼을 보자 그녀는 다시 명랑해졌다. 검정색과 황금색으로 된 새 비단옷을 입은 그들은 아름다웠다. 팝 워너와 리틀 리그에서 뛸 때, 혹은 걸 스카웃이 되었을 때, 혹은 그 봉사 활동에 참가했을 때 처음 입는 유니폼은 무언가 색다른 것이 있다. 그것은 특별한 연대감을 창출해 내었다. 그 유니폼을 입을 때 그들은 거기에 속하게 된다. 그녀가 똑같은 새 유니폼을 받자 다른 소녀들은 새 유니폼을 벗어버리고 말았다. 그래서 그녀에겐 예전 유니폼인 초록색과 황금색으로 된 유니폼이 주어졌다.

「신경 쓰지 말자.」 그녀는 쉬는 동안 줄곧 벤치에 앉아서 생각했다. 「기회를 잡아야지.」

드디어 그녀는 굉장한 생각을 가지고 코치와 맞부딪치기로 했다. 180cm키에 40kg의 몸무게를 가진 윌머는 코치의 사무실로 들어갔다. 언제나 그렇듯이 코치는 약간 퉁명스럽고 직선적으로 보였다.

『그래, 무슨 일인가?』

그가 물었다. 그녀는 미리 준비해 두었던 말을 잊어버리고 단지 몸무게 중심을 한쪽 발에서 다른 발로 옮기면서 그냥 서 있기만 했다.

『말해 봐.』

그는 말했다.

『중요한 말이 있으면 해라! 네가 말하지 않는다면 나는 네 문제가 무엇인지 결코 알지 못할 것이다.』

마침내 그녀는 불쑥 말을 꺼냈다.

『선생님께서 저에게 매일 10분간씩만 시간을 내어 주신다면, 단지 10분 간 입니다. 저는 그.보답으로 세계적인 운동 선수가 되겠습니다.』

코치는 크게 웃었다. 아직까지 그처럼 대담한 말을 들어본 적이 없었다. 그녀가 나가려고 몸을 돌리자 그는 윌머를 불렀다.

『잠깐 기다려.』

그는 말을 이었다.

『네가 원한다면 매일 10분간씩 너에게 시간을 내 주겠다. 그러나 나는 장학금을 받아 대학에 갈 진짜 세계적인 운동 선수가 될 학생들 때문에 곧 바빠 질 테니 그리 알아라.』

그녀는 기뻐하면서 매일 외출복 속에 체육복을 입고 학교에 갔다. 종이 치면 그녀는 10분 동안의 소중한 개인 지도를 받기 위하여 맨 먼저 체육관으로 나갔다. 코치의 대부분의 지도는 말로 행해졌고 실기에는 활용하지 못했다.

그녀가 속상한 나머지 앉아서 울고 있자 오랫동안 알고 지냈던 두 소년이 다가와서 위로했다.

『우리들이 이 10분 수업에 함께 있어 줄게. 그래서 코치가 너에게 가르쳐 주려고 하는 것을 연습 할 수 있도록 도와줄게.』

다음날부터 그들은 함께 연습하기 시작했다. 윌머의 가장 친한 여자 친구도 참가했기 때문에 그들은 반코트 농구 경기를 할 수 있었다. 날마다 그들은 듣고 연습하고 듣고 연습하는 날이 계속 되었다.

다음 해 윌머와 친구가 팀에 뽑혔을 때, 그들은 자신들의 연습 경기장과 비교하여 진짜 경기장에서도 실력을 발휘 할 수 있을지 걱정했다.

두 사람은 그들이 할 수 있는 유일한 것은 「최선을 다하는 것」이라고 결론지었다. 그리고 만약 최선을 다했는데도 성과를 올리지 못한다면, 그들은 남은 생애를 위하여 의미 있는 무엇인가를 얻었다고만 생각하고 그 경험을 감사하게 받아들여 농구를 중단할 것에 동의했다.

매일 아침 그녀들은 전 날 그들이 올린 전적에 대해서 어떻게 보도되었는지 신문을 보았는데 뉴스는 윌머의 친구가 1인자, 그녀는 2인자라고 규정하고 있었다.

항상 목표를 생각하라

그 해 윌머가 친구와 최고 서열을 두고 시합장에서 정겨운 경쟁을 벌이며 코트를 위 아래로 뛰고 있는 동안에 그녀를 지켜보는 어떤 사람이 있었다. 그는 테네시 주립대학(내시빌)의 명성 높은 타이거벨즈의 육상 코치로 국제적으로 알려진 에드템플이었다.

그의 뛰어난 개인 지도로 타이거벨즈의 여러 선수들은 미국에서 가장 발이 빠른 여자 선수들로 발전되었다.

템플은 농구팀에서 여자 육상팀에 관심을 가진 지원자를 구하고 있었다.

윌머는 14살 때 고등학생으로서 타이거벨즈의 육상 팀에 들어갔다 그리고 방과후와 주말마다 테네시 주립대학에서 맹렬한 연습을 했다. 캠퍼스에서 그녀는 과거에 이미 미국 올림픽 팀을 두 개나 구성했던 메이파그스라는 사랑스럽게 생긴 젊은 여자를 만났다.

메이는 십대 소녀 윌머가 가족 외에 자기의 꿈을 나누고 싶어한 유일한 사람이었다. 윌머는 유년 시절에 느꼈던 좌절감, 보족 장치와의 시련, 참여할 기회가 없었을 때의 느낌을 그녀에게 이야기했다. 메이파그스라는 용기를 북돋아 주었고 윌머는 열심히 연습을 계속하여 드디어 승리를 거둘 수 있었다.

첫 여름이 끝날무렵 그녀는 700m와 900m 달리기에서 우승하였고, 필라델피아의 주니어부에서 4,000m 릴레이 경기에서 우승하였다.

약 2년 후 어느 날 메이 파그스라는 윌머에게 말했다.

『우리 올림픽 팀을 만들어 볼까?』

그것은 유년 시절의 윌머의 꿈이었다. 그녀는 병원에 가기 위해서 내시빌까지 버스로 수없이 왕복했던 자신의 과거를 얘기했다.

『우리는 여행하게 되나요?』

『그럼, 물론이지.』

메이는 대답했다.

『1956년 올림픽 경기는 오스트레일리아에서 개최될 예정이야.』

『언제 떠나나요?』

그녀는 애원하다시피 했다.

우선 그들은 워싱턴 D.C의 아메리칸 대학에서 실시되는 올림픽 시험에서 자격을 얻어야 했다. 200m경기 예선 시험에서 그녀는 선두로 출발했다. 자신이 선두로 달리고 있다는 것을 알고 그녀는 메이파그스라가 어디에 있는지 보기 위하여 주위를 둘러보았다. 그 사이 뒤에서 달리던 메이는 스피드를 내서 일등이 되었고 윌머는 2등이 되었다.

『나는 너에게 실망했어.』

메이는 꾸짖었다.

『자격 취득으론 충분치 않아. 너는 항상 금메달을 목표로 해야 해.』

윌머는 1956년 멜버른에서 개최된 올림픽 200m 경기 준결승전에서 탈락되었다. 그러나 여자 400m릴레이에서 3등을 한 팀의 멤버로서 동메달을 받게 되었다.

그녀는 오스트레일리아에 남아 있는 동안 한편으론 행복하고 한편으론 실망으로 가슴이 터질 것 같았다. 그녀는 이런 정도의 실적은 다시는 올리지 않겠다고 자신에게 말했다.

다음 번에 나는 그것을 성취할 것이다. 윌머는 당시 16세였으므로 고등학생이 되어 있을 1960년에는 꼭 승리할 것을 자신에게 다짐하고 또 다짐을 했다.

집으로 돌아왔을 때 그녀는 유명해진 자신의 신분을 이용하려는 어떠한 유혹도 이겨냈다. 그녀가 보족 장치를 하고 무력해 있을 때 자신에게 그토록 잔인했던 이웃 아이들을 조롱할 수도 있었다. 그러나 그녀는 그들에게 동메달을 보여 주며 그것을 얻는 데 겪었던 스릴에 대해서만 그들과 이야기했다. 예전에 그녀를 괴롭혔던 사람들이 이제는 친구가 되었다. 윌머는 테네시의 클락스빌과 같은 작은 도시에서는 한 세대에 한 명 정도밖에 나올 수 없는 세계적인 수준의 명사가 되었다.

그 시대에는 여자를 위한 운동 장학금이 없었기 때문에 윌머는 테네시 주립대학을 고학으로 다니고 있었다. 그리고 당시 육상 연습을 위한 시합은 매일 계속되고 있었다. 게다가 모든 여자 선수들은 타이거벨즈 육상 클럽 멤버로 남아 있기 위해서는 평균 B학점 이상을 유지해야 했고 18학점을 이수해야 했다.

윌머는 수년 전의 보족 장치 없이 걷는 것을 익히기 위하여 실행했던 자신과의 싸움을 이제는 우승자가 되기 위하여 다시 실시했다. 과중한 일과 공부 때문에 다른 소녀들에게 뒤쳐져 있다는 것을 깨닫고, 그녀는 매일 화재 비상구로 빠져나가 오후 8~10시까지 트랙을 달렸다. 그러고 나서 화재 비상구로 다시 돌아와 침대에 들어갔다.

동이 트면 엄한 트레이닝 스케줄이 또 다시 시작되었다. 그녀는 매일 아침 6시와 10시에 그리고 오후 3시에 다시 달렸다. 주일마다, 해마다 그녀는 단조롭고 똑같은 자기 나름의 스케줄을 계속했다. 그리고 그것은 1천2백일 이상 계속되었다.

신화적 인물이 되다

1960년 여름 로마에있던 윌머는 육상 경기장으로 걸어나가면서 만반의 태세를 갖추었다. 약 8만명의 팬들은 세계 관람자들의 마음을 사로잡았던 특별한 올림픽 선수 중 한사람인 그녀에게 미친 듯이 갈채를 보냈다.

그녀가 첫 경기를 위하여 준비 운동을 시작했을 때 관람석에서 응원이 터져 나오기 시작했다. 「윌머, 윌머, 윌머.」

그녀는 100m와 200m 경기에서 쉽게 승리했고, 400m 릴레이에서도 미국 여성 팀이 일등을 할 수 있도록 함으로써 세 가지 놀라운 업적을 이루었다.

세 개의 금메달-그녀는 트랙과 필드 경기에서 세 개의 금메달을 딴 최초의 여성이 되었다. 그리고 세 경기 모두 세계 기록으로 우승했다.

어릴 적 그녀는 내시빌까지 버스를 타고 다녔던 한 절름발이 작은 소녀였었다. 이웃들로부터는 소외되었지만 부모와 가족 그리고 몇몇 충실한 친구들은 윌머를 도와주었다. 이제 윌머 루돌프는 살아있는 신화적 인물이 되었다.

로마의 한 스타디움에서의 그 승리의 순간 이후 그녀의 훈련과 희생에 대한 상이 쏟아졌다. 색종이 테이프 퍼레이드, 백악관의 존 F.케네디와의 단독 접견, 그 해의 여성운동 선수상, 그리고 고국에서 최고 아마추어 운동 선수에게 주는 값진 설리번상을 받았다(윌머는 설리번 상을 받은 세 번째 여성이다). 이어서 그녀의 전기가 출간 되었고 TV영화 「윌머」가 나왔다.

이 모든 것을 거쳐 드디어 그녀에게 작위가 수여되었다. 「살아 있는 신화적 인물」 작위 수여식의 답사에서 윌머는 솔직하게 대답했다.

『달리고 있을 때는 모든 것을 잊어버립니다. 우리들은 항상 무엇인가를 마스터 하기 위하여 노력하고 있습니다. 그러나 모두가 그 경지에 도달할 수 있는 것은 아닙니다. 계속하려는 의지와 최고가 되려고 노력하는 것, 이것이 이른바 챔피언을 만들어 주는 원동력이라고 생각합니다.』

1980년 3월 워싱턴 주 올림피아 지역 교회 그룹의 후원을 받은 민중신앙훈련 대회에서 나는 윌머 루돌프를 처음 만났다. 윌머와 노먼 빌센트 피일 그리고 나, 이 사람들이 수천 명의 아이들과 어른들로 가득 찬 대형 체육관에서 인기 있는 연사였다.

윌머는 이야기할 때, 보통 연단에 선 사람들이 그렇듯이 제스처를 쓴다거나 잘난 체 한다거나 꾸며서 이야기하는 법이 전혀 없었다. 그녀의 수중에 청중들이 있었으나 그녀는 그들을 자기 수중에 넣지 않았다. 그들 스스로가 그녀의 수중으로 들어왔다. 왜냐 하면 그녀가 한 이야기는 진실이었기 때문이다. 승리에 대한 황홀경에 대해서는 그다지 많이 이야기하지 않았다. 가족, 좋은 친구들, 문제,

기도, 절망, 투쟁에 관한 얘기가 더 많았다.

그녀가 연설을 끝내려고 할 때 피일 박사는 이렇게 속삭였다.

『그녀는 진짜 인간이오?』

나는 고개를 끄덕이며 그녀의 마지막 말을 들었다.

『세계적인 운동 선수, 슈퍼 스타들이 있습니다. 그러나 세계적인 사람들이라고 보통 사람들과 다른 것은 아닙니다. 나도 자라면서 여러분들과 같이 많은 문제들이 있었습니다. 윌머는 말을 이어 나갔다. 제 이야기로 인해서 여러분들 자신이 변화되고, 개선되고, 잘 할 수 있다고 믿는 데 조금이나마 도움이 되었으면 합니다.』

오늘날 윌머는 주요한 대회에서 중요한 연설을 하고 있다. 그리고 미래의 올림픽 스타들을 도와주고 있다. 그녀가 가장 좋아하는 일은 인디애나폴리스의 윌머 루돌프 재단을 통하여 강연이나 세미나를 열고 어려운 사람들에게 재정적 지원을 해 주고 뒤따라오는 사람이 앞서갈 수 있도록 도와주는 일이다.

■ 이기려는 의지가 필요하다

윌머 루돌프는 엄청난 역경을 딛고 성공한 인간 승리자이다. 그녀는 결코 자신을 패배 속에 두지 않았다. 그녀는 이기는 데 마음을 두고 그것을 해냈다. 이긴다는 것은 재능을 부여받는다거나 최신 장비를 가진다거나 가장 부자가 되는 것보다 훨씬 더 많은 것을 의미하는 것 같다.

베이 패커즈의 신화적 코치, 빈세 롬바르디에게는 「협박으로 이기는 전문가」란 이름이 붙어 있다. 내 생각엔 잘못된 것 같지만, 많은 전설적인 영화에는 그의 불멸의 슬로건이 나온다.

「승리가 모든 것은 아니다. 그것은 오직 해야 할 일 일뿐이다!」

나는 롬바르디가 실제로 그렇게 말했다고 믿지 않는다. 그리고 설혹 그가 그렇게 말했다 할지라도 그가 한 말이 올바로 이해되지 않고 있다고 생각된다.

빈세의 연설을 여러 번 들었고 패커즈 팬인 위스콘신 출신의 내 친구가 빈세 연설 사본을 몇 개 나에게 보여 주었다. 무적의 패커즈 팀의 카리스마적인 코치의 연설 내용은 다음과 같다.

「승리가 모든 것은 아니다. 이기려는 의지가 모든 것이다.」

말의 의미가 사뭇 다르지 않은가? 다르게 된 것은 의지나 믿음이란 말 때문이다.

이제 긴 이야기의 끝을 맺을 때이다. 이 이야기만으로도 인내와 노력이 성공의 과정에서 얼마나 중요한것인가를 알았을 것이다.

그런데 인내란 한 가지 일만을 언제까지고 고수하는 것만 의미하지 않는다. 그것은 바로 지금 당신이 하고 있는 어떤 일에도 완전히 집중하고 노력하는 것을 의미한다. 즉 자신의 일에 만족하거나 더 많은 지식과 진보를 갈망하는 것이다. 더 많이 하고, 더 많은 잡초를 뽑고, 아침에 더 일찍 일어나고, 하고 있는 일에 대해 좋은 방법을 찾기 위하여 항상 눈을 뜨고 있는 것을 의미한다.

인내력을 향한 열 가지 행동단계

첫째, 가장 우선적인 일을 먼저 한다.

대부분의 사람들이 우선 순위가 낮은 일에 시간을 소비하게 되는 이유는 그것을 하기가 보다 쉽고, 그것을 하는 데 더 이상의 지식, 기술, 남의 협력이 필요하지 않기 때문이다.

우선 순위를 지금 해야 할 것, 곧 해야될 것, 할 수 있을 때 할 것, 하고 싶은 때 할 것 순으로 결정해 보라. 매일 결정해 보되 그날 아침 보다 더 늦게 결정해선 안 된다. 그 전날 모든 일을 마칠 때 하도록 하라.

둘째, 지난 날 가장 생산적인 것으로 밝혀진 당신의 행동, 교제, 생각들에 대하여 전체 시간과 에너지의 20%를 써라.

셋째, 현재하고 있는 일을 다른 일로 바꿀 때는 일시적으로 생산성이나 효율성이 떨어지리라는 것을 예상하라.

넷째, 한 번 실패하면 다시 해 보라.

두 번째로 실패한다면 왜 실패하게 되었는지 되돌아서서 다시 한번 차분히 생각해 보라. 세 번째로 실패한다면 지금으로선 당신의 목표가 너무 높을지도 모른다. 목표를 조금 낮게 잡아 보라.

다섯째, 비슷한 목표를 가진 사람들과 자주 교제하도록 하라.

여섯째, 만일 곤란한 입장이 된다거나 궁지에 몰려 있으면 당신의 환경과 분위기를 바꿔 보라.

하루만이라도 바다나 시골로 나가서 긴장을 풀고 반성해 보라.

일곱째, 항상 예기치 않은 일에 대비하라.

여덟째, 어떤 문제에서 일반적인 지식을 얻으면, 그것의 일부분을 깊이 익혀라.

다양화하기 전에 전문화를 이루어라. 그것을 마스터할 때까지 계속하면 성공에 대한 자신감과 명성을 얻게 된다.

아홉째, 자신의 문제에 접근할 때는 솔직하고 논리적으로 접근하라.

일반적으로 문제에는 두 가지 타입이 있다. 해결하기 쉬운 문제와 위급한 상태의 급박한 문제들이다. 자신의 문제를 평가하는 좋은 방법은 자신에게 묻는 것이다. 「나와 나의 가족에게 중요한 일에 시간을 보내고 있는가? 아니면 나는 항상 쫓기듯 시간을 마감하고 있는가?」

열 번째, 더 많이 일하고, 더 많이 공헌하라.

승리자는 천둥 번개 속에서 무지개를 보고, 빙판 길을 미끄러지며 걷는 대신 스케이트를 탄다는 것을 기억 하라.

STEP
6

시간을 아껴라

시 · 간 · 관 · 리

당신은 이 세상에서 가장 귀한
것을 가장 많이 가지고 있다.
그럼에도 불구하고 당신은
그것을 깨닫지 못하고 있다.

데니스 웨이톨리

시간

가장 바쁜 사람이 가장 많은
시간을 갖는다.

A.R.비네

1. 우선 순위를 정해서 움직인다

실행표를 작성하라
매일 할 일을 메모할 것
실행표의 내용
실행표의 완성은 우선 순위 별로
보다 중요한 일을 하는 방법

독자에게 드리는 질문

1주일 동안, 당신이 한 모든 활동을 주의 깊게 살펴 보았는가? 아마도 당신은 많은 시간을 낭비했거나 거의 아무 것도 하지 않았다는 사실에 놀라움과 부끄러움을 느낄 것이다.

당신이 활동했을지라도 그것을 메모해 보면, 별로 중요하지 않은 일에 많은 시간을 할애하여 그 일을 하느라고 허덕이다가 참으로 중요한 일을 처리함에 있어서는 충분한 시간을 갖지 못하고 쫓겼던 경우가 발견될 것이다.

당신은 일에 우선 순위를 정해놓고 일하는가? 그렇게 할 수만 있다면 당신은 능률적으로 업무를 처리해 나갈 수 있을 것이다.

실행표를 작성하라

세계적으로 유명한 성공자들에게 그들의 시간 활동법에 대해서 물어 보았다. 우선 미국의 스탠다스 석유회사 부회장에게 같은 질문을 했더니 그는 이렇게 대답했다.

『예, 저는 지금도 실행표를 활용하고 있습니다.』

나는 그의 메모를 보았지만 그가 말한 중요성을 그 당시에는 깨닫지 못했다.

나는 다음 날, 시간관리에 관한 세미나에 참석하기 위해 여행을 떠났다. 그곳에서 나는 땅 재벌이며 가스와 전기회사 회장인 사람과 저녁 식사를 하게 되었다. 그는 많은 기업을 이끌고 있으며, 어느 면으로 보아도 성공한 사업가였다. 그가 어떻게 그토록 많은 일을 하게 되었는지 나는 궁금했다.

『간단하지요. 나는 실행표를 가지고 있습니다. 그러나 이 표는 각각 차이가 있습니다.』

그는 자신이 그 표를 하나의 게임으로 생각한다고 덧붙여 말했다.

아침에 맨 먼저 그가 하는 일은 그 날 달성하고자 하는 리스트를 펴 보는 것이었다. 저녁이 되면 그는 오늘의 리스트 중에서 어떤 항목이 실행되지 않았는가를 검토한다. 그의 목적은 그가 쓴 항목을 지우는 것이었다.

그는 리스트를 카드놀이 라도 하듯, 그 날 해야 할 일을 항목별로 나누어 기록을 해둔다. 거기에는 전화를 해야 할 사람, 누군가와의 시간 약속, 그리고 저녁에 부인과의 대화도 포함되어 있다. 그는 최우선 순위의 항목부터 실천한다. 그는 그 날 저녁 그 리스트에 완벽한 점수를 주기 위해 낮 동안 열심히 일한다.

나는 많은 성공한 기업가, 정부 관리들과 대화를 나누었다. 그때

마다 그 실행표가 등장한다. 그래서 나는 세미나에서 얼마나 많은 사람들이 그 실행표에 관해 들은 적이 있는가를 알아보았다. 그 결과 거의 모든 사람이 알고 있었다.

다음에 나는 얼마나 많은 사람들이 매일매일 해야 할 일들에 대해 리스트를 작성하고 우선 순위를 정해서 실행하는가를 물었다. 그러나 그들 대부분이 때때로 특별히 바쁠 때 실행표를 만들기는 하지만, 매일 해야 할 일들의 리스트는 만들지 않는다는 사실을 알았다. 물론 그들은 원하는 일들이 많았고 또 완성 날짜를 정하기는 했지만 매일의 할 일을 메모해 두는 사람은 별로 없었다.

▒ 매일 할 일을 메모할 것

최정상에 있는 사람들이나 저 밑바닥에서 허우적대는 사람들 모두가 실행표는 알고 있다. 그러나 그들 사이에는 분명한 차이가 있다. 최정상의 사람들은 그들의 시간을 최대한으로 활용하기 위해서 매일 실행표를 사용했으나, 반면 밑바닥에 있는 사람들은 그것을 알고는 있지만 그 실행표를 효과적으로 이용하지 못한다는 점이다.

보다 많은 일을 효율적으로 수행하는 비결에는 여러 가지가 있다. 그 가운데 하나가 매일 실행표를 작성하고 하루 동안의 행동지침으로 활용하는 것이다.

실행표는 근본적인 시간 계획표이다. 이제 그 실행표를 좀 더 구체적으로 살펴보자. 그 기본은 간단하다. 그 표의 맨 위에는「실행」이라 쓰고, 그 다음 당신이 이루고자 하는 목표를 쓰고 그 순위를 정한다. 그 목표가 실행되면 그 항목을 지우고 다른 항목을 써 넣는다.

성공의 비결은 여러 가지가 있다 그 하나는 깨끗하고 두꺼운 종이에 당신이 해야할 목표를 메모해서 항상 가지고 다니는 것이다. 절대로 아무종이에나 쓰지 말라. 당신은 그 목표를 수첩에 기록해 둘지도 모른다. 어떤 경영자는 실행표를 책상 위에 두기도 한다.

어떤 사람들은 실행표를 머리 속에 기억시키려고 한다. 그러나 그것은 효과적인 방법이 아니다. 당신의 머리는 창조적인 것들을 위해 사용되어야 한다.

🔲 실행표의 내용

당신이 해야 할 일을 모두 다 메모하고 있는가? 거기에는 일상적인 활동도 포함되는가? 아니면 예외적인 것만 쓰려고 하는가? 당신은 오늘 하려고 하는 일을 다 기록하고 있는가?

실행표를 작성하는 방법에는 여러 가지가 있다 그러나 그중 일상적인 항목을 제외한 제일 중요한 것만 기록하는 방법이 제일 좋다. 그리고 우선 순위에 특별한 주의를 기울여야 한다.

당신의 실행표에 장기적인 목표를 A항목으로 해야 한다. 예를 들어서 「공무원 시험에 합격」 같은 것을 「생일 선물을 산다」는 항목들과 같은 표에 쓴다는 것은 우습다.

당신은 어떤 일을 해야 할 때 그 지침으로 실행표를 사용하라. 그러면 장기적인 계획이 필요함을 깨닫게 될 것이다. 그리고 그 계획들을 잊지 않고 싶어할 것이다.

당신은 스스로 어떤 일이라도 다 처리할 수 있다고 생각할지 모른다. 그러나 그에 앞서 실행표를 보고 다른 사람에게 위임할 수 있는 일이 얼마나 되는가를 살펴 보라. 부하직원이나 다른 사람에게 맡기는 것보다는 당신과 같은 사람의 수준이거나 더 높은 수준의 사람에게 맡겨라. 그는 당신보다 더 손쉽게 일을 할 수 있거나 알지 못했던 기막힌 방법을 제시할 수도 있을 것이다.

실행표에 있는 모든 항목을 하루가 끝나기 전까지 모두 끝내려고 할 것이다. 그것은 당신의 책임이다. 온 힘을 다해 노력해야 한다.

해야 할 일들이 너무 많을 때는 우선 해야 할 것과 하지 말아야 할 것을 분명히 해야 한다. 그러나 아무 생각 없이 무조건 결정하는 것은 옳지 않다.

특별히 강조하고 싶은 것은, 우선 순위를 정해야 한다는 것이다. 실행표에 가능 한한 많은 항목을 쓴다. 물론 그 일들 중 상당량이 실현될지도 모른다. 그러나 효과는 낮다는 것을 알아야 한다. 왜냐하면 당신이 할 일들은 주로 C급에 속하는 것일지도 모르기 때문이다.

또 어떤 이들은 맨 위의 항목을 실천하면서 바로 다음 항목에 신경을 씀으로써 중요한 것을 놓치게 된다. 여기 가장 좋은 방법을 소개하고자 한다.

목표를 각 항목별로 A, B, C의 우선 순위를 매기고, 자신이 할 수 있는 일을 제외한 다른 중요하지 않는 일들은 다른 사람에게 위임하는 방법이다.

실행표는 여러 가지 형태로 배열할 수 있다. 즉 보고, 전화하고, 생각하고, 결정하고, 지시하는 방법의 배분법이 있으며, 또 비슷한 내용을 중심으로 분류할 수도 있는데, 예컨대 목표를 하는 일의 유사성, 위치의 동질성 인물별 등으로 나누어 적어두는 방법도 있다. 그리고 실행표의 각 항목들을 그 종류별로 나누어서 그룹이 되게 할 수도 있다.

무엇보다도 실행표는 우선 순위를 정하는 것이 가장 중요하며, 또 그대로 실천해야 한다.

실행표의 완성은 우선 순위 별로

이제 당신의 실행표를 보라. 먼저 B급의 목표를 실천하기에 앞서 A급의 항목을 실행하라. 그리고 C급의 목표를 실행하기 전에 B급의 항목을 실행하라.

어느 날 실행표에 적힌 모든 항목을 마치게 될 것이다. 그러나 모든 항목을 실행할 시간이 없을 수도 있다. 만약 당신이 A, B, C의 순서대로 그 일을 실행할 경우, 때때로 A의 항목조차도 끝내지 못할 수도 있다. 어느 날엔 A와 B의 항목을 실행하고, 또 어느 날은 C항목까지 실행한다.

중요한 것은 그 실행표를 완성시키는 것보다 당신의 시간을 최대한으로 활용하는데 있다. 만약 B급 항목과 C급 항목을 다 실행하지 못했다면 다시 한번 살펴보고 조정하라. 그러면 당신 마음속에 있는 새로운 A, B, C급 목표의 검토가 이루어질 수도 있다. 그것에 따라서 다시 「여분의 시간」으로서 도전해 보는 거다.

많은 공무원, 전문 직업에 종사하는 사람들이 나의 세미나에 참석한다. 자신의 일을 체계화시킬 필요가 있었기 때문이다. 세미나에 참석한 2~3개월 후 대부분의 사람들은 일이 전보다 훨씬 더 체계화되었다고 말했다. 그들은 정기적으로 실행표를 작성하고 그 일에 우선 순위를 두는 방법을 알게 되었기 때문이다.

적절한 시간 활용은 직장에서와 마찬가지로 가정생활에서도 중요하다. 그러나 당신은 직장의 일이 끝나면 그 시간활용은 소홀히 한다. 그러나 당신이 해야할 모든 일들이 실행표의 도움으로 체계화되었다면 훨씬 더 많은 여유를 가질 수 있을 것이다.

사소한 일들이 많다는 것은 그 실행표의 항목이 많아진다는 것을 의미한다. 그러나 표에 기록해 두지 않으면 그것들은 잊혀지게 될 것이다.

당신의 중요한 활동 중 어떤 것도 소홀히 해서는 안 된다. 그리고 할 필요가 없는 항목을 지워버림으로써 다음에 해야 할 활동을 선택할 수 있도록 체계화 해야한다.

A보다 C의 항목을 더 많이 함으로써 일의 순서가 바뀔 수도 있다. 당신은 전의A를 A와 B로 분산시킬 수도 있으며, 전의 C를 완전히 지워버릴 수 도 있다.

보다 중요한 일을 하는 방법

지난 해 당신은 해야할 일을 기록하여 실행하였을 것이다. 어떤 일을 하는데 있어서 당신은 금년에도 작년과 같이 성실하게 그 방법을 활용했다. 따라서 작년의 A항목이 금년에는 C항목이 되었다. 이제 당신은 매년 해왔던 그 일상의 일을 새로운 누군가에게 넘기고 그 보다 더 중요한 일에 시간을 활용해야 한다.

세일즈맨의 경우, 지난 해 A등급, 100달러 단위의 고객이 금년에는 C등급으로 된다. 이제 A등급의 고객은 5백 달러 단위가 되고, B등급의 고객은 2백50달러가 된다. 이와 같이 고객의 등급을 높여가노라면 점차 당신의 사업은 확장될 것이다.

이와 같이 고객의 등급을 계속 높아가며 사업을 확장하기 위해서는 100달러 이하의 예상 고객은 다른 사람에게 맡겨야 한다. 세일즈맨인 당신은 현재, 그리고 앞으로의 예상 고객 중 20%를 제외시킴으로써 보다 큰 성과를 올리게 될 것이다.

시간을 활용하는 기술을 배우고, 적용하는데 있어서 A항목은 한 시간 중에 각 5분을 어떻게 소비하는가가 된다. 이는 당신이 그 의미를 알게 될 정도가 되면, 그 목표는 C항목이 될 것이다.

시간을 효율적으로 이용하는 사람들은 체계적으로 실행표의 항목을 정한다. 그러나 모든 항목을 완벽하게 성취하려고 노력하지 않는다. 오히려 그는 A항목을 매일 실천하고, 시간을 활용하는 법을 알게 되면 이제 「바로 지금 시작하는 것」 이라는 사실을 알게 될 것이다.

2. 체계화된 생활태도를 가져라

계획표를 지나치게 체계화하지 말라
적절한 도구를 찾아라
체계화된 일터
사무기술에 대한 습득법
집중력을 기르기 위해서는
끝까지 밀고 나가라
기억력을 향상시켜라
사소한 일들은 한데 묶는다
문제해결의 방법

독자에게 드리는 질문

당신에게 일이란 무엇을 의미하는가? 또 즐겁게 일하는 것과 고통스럽게 일하는 것의 차이점과 그 원인은 어디에 있다고 생각하는가?

당신은 일하기 위해서 사는가, 살기 위해서 일하는가?

당신은 매일 아침 아주 훌륭한 실행표를 만들 수 있다. 그러나 체계적이지 못하면 당신은 실행표의 어떤 항목도 지울 수 없을 만큼 아무 일도 할 수 없다. 이제 체계화된 생활을 하기 위한 방법에 대해서 알아보자.

계획표를 지나치게 체계화 하지 말라

W.C 필드는 경영자의 역할을 필름에 담아 보여주었다.

그의 책상 위는 잡다한 서류들이 흩어져 있다. 다음 장면에서 그는 그의 책상으로 돌아온다. 그런데 한 유능한 전문가가 그 책상을 정돈하여 가지런히 해놓은 것을 알았다. 책상 위는 이제 산뜻하고 능률적으로 정리되어 있다. 그러나 필드는 당황했다. 그는 어떤 것도 찾을 수가 없었다. 그래서 그는 서류더미를 공중으로 힘차게 던져 버렸다. 그는 미식가가 샐러드를 원하듯 그것들을 집어던졌다. 그는 다시 책상 위를 살펴보았다. 그때서야 원하는 서류를 찾을 수가 있었다.

우리는 그 화면의 의미를 충분히 인식하기 위해서 그것을 역사적인 관점에서 볼 필요가 있다. 그 당시 필드는 정상에 있었다. 필드가 마음을 진정했을 때 능률 전문가들이 일을 체계화하는 비결을 말해 주고 있었다.

책상 위에 당면한 일이 아닌 잡다한 것들을 두는 것은 비능률적인 원인 가운데 하나이다. 옛 부터 깨끗한 환경은 능률과 생산성의 상징으로 여겨져 왔다. 그것이 일반화된 통념이다.

그러나 오늘날 우리는 그것이 사실이라고는 확신할 수 없다. 확실히 조직적인 생활은 혼란한 생활보다 효과적이다. 우리 주위에 많은 부분들을 체계화함으로써 능률을 높일 수 있다. 하지만 체계화에 있어서 그 확고부동한 원칙이 꼭 적용되는 것은 아니다. W.C 필드는 그것을 우리에게 깨닫게 하고자 했던 것이다. 우리 모두는 자신의 개성과 당면한 일에 적응하도록 체계화시킬 필요가 있다.

당신의 생활을 계획할 때 지나치게 체계화하려고 하지 말라. 그것은 오히려 능률을 저하시킨다.

나에게는 한 학기를 마친 후 낙제를 한 대학교 친구가 있다. 그는 공부하는 방법에 관한 여러 책을 읽는 것으로 공부시간을 허비했을 뿐 실제적인 공부는 하지 않았던 것이다.

당신이 보다 일을 멋지게 하려고 할 때 이와 같은 일이 생길 수가 있다. 당신의 목적은 생의 능률을 높이는 데 있다. 책을 깨끗이 사용하는 것만으로는 원하는 것을 성취하지 못할 것이다.

적절한 도구를 찾아라

일하는데 있어서 적절한 도구를 찾아라.

토마스 칼라일은 언젠가 이렇게 말했다.

「인간은 도구를 사용하는 동물이다. 도구가 없으면 아무 것도 아니다. 도구가 있기 때문에 인간은 만물의 영장이다.」

이 말을 귀담아 들을 필요가 있다. 특별한 도구를 가지게 되면 많은 시간과 에너지를 절약하게 될 것이다. 당신은 이러한 사실을 얼마나 깨닫고 잇는가?

이런 경험은 우리가 자동차 수리를 하거나 집 주위의 어떤 것을 수선해야 할 때 흔히 하게 된다. 이것은 우리가 도구를 눈에 보이는 기구로서 생각하기 때문이다. 물론 그것은 당연하다. 그러나 「도구」라는 의미를 보다 넓은 의미에서 살펴보자.

도구는 당신이 목표를 성취하는데 도움이 되는 것이다. 당신이 추구하는 목표나 활동이 무엇이든 거기에는 도구가 필요하다. 만약 당신이 회계사라면 연필, 종이, 계산기 외에도 자격증과 실무 지식이 포함된다. 만약 당신이 사무실에서 일한다면 책상, 의자, 사무실이 그 도구이다. 그밖의 자동차, 통계 자료, 신문, 외국어, 면담 기술도 도구가 될 수 있다.

어떤 일이나 목표를 달성하려고 하기 전에 먼저 당신에게 이렇게 반문해 보라.

「그 일을 성공적으로 마치는 데 필요한 도구는 무엇인가? 그리고 나는 그 도구를 가지고 있는가?」

만약 적절한 도구가 없다면 먼저 다른 사람이 그 일을 하도록 고려해야 한다. 당신의 시간, 에너지, 비용은 다른 사람을 채용함으로써 훨씬 줄일 수 있다. 그러나 당신 스스로 가능하다면 활용 가능한 도구로 최대한의 노력을 하라. 지혜로운 사람과 어리석은 사람과의 차이 는 그들의 도구를 선택하는 데서 나타난다.

체계화된 일터

당신이 일을 하는 주위를 한 번 둘러 보라. 일터를 가지런하게 하는 일은 개인적인 문제로 자신의 취미나 해야 할 일에 따라 달라질 수 있다. 거기에는 또 몇 가지 기본 요소가 있다.

① 위치

만약 당신이 당신의 일터를 자유롭게 선택할 수 있다면 일을 수행하는 데 도움이 되는 장소를 선택하라. 만일 당신의 일이 집중을 요한다면 조용하고 사적인 장소를 찾아라. 반대로 자신의 일을 널리 알려야 한다면 예상 고객이 많은 장소를 선택하라.

② 공간

적절한 일터를 선택한 후, 필요한 도구를 배열하기 전에 활용할 공간이 얼마나 되는가를 아는 것이 필요하다.

③ 자주 쓰는 도구는 쉽게 찾을 수 있는 가까운 곳에 둔다.

당신이 사용하는 모든 도구의 리스트를 먼저 작성한다. 그리고 그 도구들이 얼마나 자주 쓰이는 가를 살펴보아 그 순위를 정하라. 그리고 그 도구들 중 사용 회수가 많은 것을 가까운 곳에 두어야 할 것이다.

당신의 일터를 꼭 필요하지 않는 것들로 채우는 것을 삼가라. 당신이 지난 해 캐나다로 사냥 여행을 다녀온 후, 만든 사슴판넬은 분명 볼만한 가치가 있을지도 모른다. 그러나 그 판넬이 당신 일터에 적합하지 않다면 다른 장소로 옮겨야 할 것이다. 가능하면 당신이 선택한 그 장소에는 메모판과 같은 보다 유용한 도구가 놓여져야 할 것이기 때문이다.

④ 편리함

어떤 사람들은 일터가 안락하게 꾸며져서는 안 된다고 생각한다. 그들은 일반적으로 힘든 일이나 고달픈 일을 하는 사람들이다. 그렇지만 불편함은 생산성을 저해할 뿐이다. 왜 일을 더 복잡하고 어렵게 만들려고 하는가? 인생은 그렇지 않아도 불편함이나 정신혼란, 그리고 좌절감 투성이다.

일반적으로 일터에는 적절한 의자와 환풍기나 조명이 있다. 만일 오랜 시간 동안 앉아서 일을 해야 한다면 편안한 의자가 보다 도움이 될 것이다. 예를 들어 10분마다 일어나게 되는 불편한 의자나, 또 그렇다고 잠에 빠져 버릴만큼 지나치게 안락한 의자는 바람직하지 못하다. 그리고 눈의 피로를 덜기 위해서는 간접 조명이 필요하다.

또한 적절한 환풍 장치는 답답함에서 생기는 피로를 덜게하며 어느 정도의 온도가 가장 적합한가는 각 개인에 따라 다르다. 어쨌든 당신의 일터는 환기가 잘 되는 곳이 좋으며 쾌적한 분위기로 만들어야 한다.

사무기술에 대한 습득법

우리들 중에 많은 사람들이 책상에서 일을 한다. 익히 아는 바와 같이 그 책상은 하나의 도구이며 잘못 이용되거나 남용되곤 한다. 우리는 도구인 책상을 이용하기 전에 잘못된 고정관념을 버려야 할 것이다.

구체적으로 그 몇 가지만 살펴보자.

① 책상은 폐품 수집 장소가 아니다.

책상 위의 산더미 같이 쌓여있는 잡다한 것들을 한 번 보라. 아마도 어떤 쇼핑 센터에서 낡은 신문을 모으기 보다 그 책상 위의 잡다한 종이를 모으는 것이 더 많을 것이다.

② 책상은 음식물, 옷, 우산 따위의 보관 창고가 아니다.

언젠가 나는 사무실을 이전한 적이 있었다. 그 때 나는 책상 위를 가득 기어다니는 개미들을 보고 아연할 수밖에 없었다. 내 전임자는 책상 오른편 서랍에 먹다 남은 사탕 봉지를 수북히 그대로 남겨 두었던 것이다.

③ 책상은 잊지 않아야 할 물건들을 쌓아 놓는 곳이 아니다.

독일의 한 경영자가 알렉 맥켄지에게 「잊고 싶지 않은 물건들로 가득 쌓여있기 때문에 책상 위가 산만하다」고 말했다. 그것은 결코 그냥 넘어갈 이야기가 아니다.

책상을 바라볼 때마다 우리는 기억해야할 여러 가지 것들을 볼 수 있다. 그로 인해 산만해진 우리의 마음이 사고 훈련에 지장을 초래하고 있다는 사실을 알고 있는가? 그리고 시간이 지나면서 더욱 더 쌓여 마침내는 거기에 무엇이 있었는지도 모르게 된다. 그래서 잊어버린 목록을 찾는 데 많은 시간을 소비하고, 잊고 싶지 않은 그 모든 것들을 일일이 다 살펴보아야 한다.

시간관리 자문가인 메릴 더글라스는 책상 위에 쌓아 놓기를 좋아하는 어떤 경영자의 업무 일지에 대해 이렇게 말했다.

「그는 일지에 책상 위에서 필요한 정보를 찾는데 매일 두 시간 반을 소비했다고 써 있었다.」

④ 책상은 신분의 상징이나 또 트로피 등을 전시하는 곳이 아니다.

책상을 이렇게 잘못 사용하다가는 참으로 거대한 책상을 가져야 할 것이다. 넉넉한 공간을 가졌지만 쌓아 놓아야 할 것들이 더 많기 때문이다.

우리는 책상 위에 놓아서는 안 될 것들에 대해 논의 했다 이제 책상이 무엇인가를 알아보자.

책상은 정보를 받아들이고 정리하는 도구이다. 책상은 이러한 목적으로만 이용되어야 한다. 그렇지 않다면 책상은 필요하지 않을 수도 있다.

미국 경영협회의 회장직을 역임했던 로렌스 애플리는 「책상은 우리의 결단을 흐리게 한다」고 말했다.

어떤 경영자들은 그들의 책상을 내다버린 후 오히려 능률이 더 올랐다고 말했다. 그들은 표준적인 사무용 책상과 의자를 휴게실 의자와 메모용과 그리고 서류 캐비닛으로 바꾸었다.

책상 없는 사무실을 지지하는 사람들은 일대 일의 의사 소통을 개선시키고 더 자연스러운 분위기를 낳는 이점이 있다고 입을 모아 말하고 있다.

그들은 더 이상 책상에 얽매일 필요를 느끼지 않는다. 당신 역시 책상을 필요로 하지 않는지 생각해 보라. 만약에 당신이 책상을 없애야겠다고 생각한다면 지체 없이 그것을 실천해 보고 그 결과를 살펴 보라.

⑤ 효과적으로 책상을 배열하는 방법

당신은 책상을 필요로 한다. 그러나 책상을 다시 배치해야겠다고 생각한다. 그렇다면 우선 조용한 시간에 그 계획을 세워 보라. 그 일은 토요일 아침에 할 수도 있고, 또 몇 가지 절차를 밟아 이루어져야 할 것이다.

- 큰 쓰레기통을 구하라
- 책상 위에 모든 것을 치워라. 그리고 모든 서랍도 비워라 지금 쓰지 않는 모든 것을 버려라.
- 책상 위, 혹은 속에 있는 서류나 물건들을 기록하고 중요도의 순서에 따라서 분류해 두어라. 그 물건들을 하나하나 살펴보면서 생각해 보라. 「내가 이것들을 치워버리면 가장 불편한 것은 무엇일까?」 별로 불편하지 않다면 가차없이 치워버리고 당신의 목록에서도 지워 버려라.
- 당신이 없애지 않은 것들을 잘 정리해 보아라. 그리고 책상 위에 꼭 필요한 것만 남겨 두어라. 그리고 현재 필요로 하지 않는 것들은 캐비닛이나 책상 속에 보관해 두어라.
- 서랍을 사용하는 법을 생각해 보아라. 손쉽게 빨리 이용할 수 있는 방법을 생각하는 것이다. 주기적으로 모든 책상의 서류를 검토해 보고 현재 필요한 것만을 책상에 두어라. 1년 이상 방치되는 서류의 약 90% 이상은 결코 당신에게 도움을 주지 못한다.
- 정보를 효율적으로 활용하기 위해서는 쉽게 보관하고 쉽게 찾을 수 있어야 한다.

당신이 필요로 하는 것들을 보관할 수 있는 2개의 상자를 준비하라. 그 하나에는 앞으로 해야 할 일들을, 다른 하나에는 처리가 끝난 서류들을 넣으며 미결인 서류들은 책상 서랍에 넣어둔다.

⑥ 책상에서 일할 때의 유의점

만약 당신이 보다 체계적으로 책상을 배열하고자 한다면, 책상이 효과적인 도구로 쓰일 수 있는 방법을 강구해야 한다. 사람들은 6개월 마다 새로이 책상을 배치하고, 그것이 도움이 된다고 한다. 다음의 지침은 책상 위의 잡다한 것들을 줄임으로 일의 능률이 더욱 향상될 것이다.

- 책상 위에는 꼭 하나의 서류만을 두어야 한다. 그 서류는 우선 순위의 맨 처음 계획이어야 한다.
- 책상 위의 것들을 치워라. 꼭 필요하지 않다면 서류 캐비닛이나 서랍에 넣어 두고 눈에 띄지 않게 하는 것이다.
- 다른 일에 정신이 혼란되지 않도록 하라. 다른 일들은 종종 당신의 초점을 흐리게 한다. 당신은 먼저 제일 중요한 것에 집중해야 하며, 그 일에서 손을 떼지 말라.
- 어떤 일을 끝마쳤을 때는 그것을 나가는 상자에 넣어 두어라. 그리고 그 다음 중요한 일로 넘어가라.
- 가능하다면 비서가 당신의 책상을 정돈하도록 하라. 그래서 하루가 시작될 때 당신의 책상 위에 그 날의 가장 중요한 일을 둠으로써 당신을 도울 수 있게 하라.

단 그러한 유익한 사항들은 하나의 지침에 불과하다. 그것은 당신에게 꼭 적합하지 않을 수도 있다. 책상을 깨끗이 정돈하는 것이 당신에게 효과적이지 않을 수도 있다는 것이다. 당신은 당신에게 적합한 어떤 스타일을 찾아내야 한다. 그러나 분명한 사실은 책상 위가 무질서한 상태라면 능률적으로 일이 잘 되리라고는 기대하지 말라는 것이다.

집중력을 기르기 위해서는

그것이 어떤 형태이든 집중은 놀라운 현상이다. 내가 6살 때였다. 친구 하나가 확대경으로 태양을 오랜 동안 비추어 종이를 태우는 것을 보고 신기해 했다.

우리 자신의 시간과 에너지도 태양열과 유사하다. 우리가 우리의 노력을 어느 정도 집중시키느냐에 따라 우리는 원하는 것을 성공적으로 해낼 수 있다. 집중력은 천재들도 불가능했던 일을 보통사람들에게 가능하게 해준다.

손은 연필을 쥐고 생각한다.

당신이 당신의 생각을 기록할 때면 저절로 거기에 집중하게 된다. 자신의 생각을 쓰면서 동시에 딴 생각을 한다는 것은 그 누구라도 어려운 일이다. 연필과 종이는 집중력을 기르는데 훌륭한 도구이다.

집중해야 할 경우 손에 연필을 쥐고 생각하는 습관을 기르라. 어떤 생각이 떠오르면 그 생각들을 하나하나 적어두어라. 그럼으로써 생각은 정리되고 또한 머릿속에 기억하게 될 것이다. 당신은 또 어떤 생각이 비합리적이며 어떤 생각들이 서로 모순이 되는지 알게 될 것이다.

일터에서는 오로지 일만을

우리는 습관의 피조물이다. 그래서 우리 행동의 대부분은 생각 없이 습관적으로 이루어진다.

우리는 작업장에서의 습관이 능률적이 되도록 애써야 한다. 그렇지 않으면 비생산적 습관들로 인해 우리의 시간과 에너지를 소모하게 될 것이다.

집중력을 기르고자 한다면 당신의 일터를 오직 일만을 위해 이용해야 한다. 사무실 책상에서 일할 경우, 일과 관계없는 것은 책상에 두면 안 된다.

그러나 어느 때 방문객을 맞이할 일이 있으면 책상은 일하는 장소라기보다는 사교적인 장소가 된다. 그러므로 당신이 방문객에게 시간을 할애해야 할 경우 당신의 책상에서 벗어나라. 다른 의자에 앉거나 다른 방으로 가라. 만약 일터를 일만 하는 곳으로 습성화시킨다면 당신이 책상에 앉는 즉시 그 일 속으로 빠져들게 될 것이다.

여유를 가지고 휴식 시간을 활용한다

책상에 앉아서 일을 하는 방법에는 여러 가지가 있다. 그 하나의 방법은 언제, 어떻게 효과적으로 쉬는가 하는 것이다. 무분별한 인내는 오히려 일을 어렵게 할 뿐이다.

당신이 문제 해결에 어려움을 느꼈을 때는 재치 있게 잠시 일을 놓으라. 문제가 도저히 풀리지 않는데 맹목적으로 밀고 나가면 혼란과 좌절만 따르기 마련이다. 일을 처리한다 해도 정보를 소화하고 분류하는 데 더 많은 시간을 요할지도 모른다.

일을 시작했을 때, 그 일이 즐겁고 생산적이기 위해서는 다음 몇 가지 유의 사항을 지켜야 한다.

• 일을 하다가 휴식을 취할 때는 즐거운 마음을 가져야 한다. 만약 당신이 만족스럽게 잠시 일을 멈춘다면 당신은 그 일을 기쁘게 생각하고 다시 그 일을 하고자 하는 의욕이 생길 것이다.

• 일이 어느 정도 진척되었을 때 그것을 중단하도록 노력하라. 그러면 다시 일자리로 돌아와 그 일을 시작하는 데 필요한 시간을 줄일 수 있을 것이다.

끝가지 밀고 나가라

언제 일을 멈춰야 하는가를 아는 것은 매우 중요하다. 그러나 그 것만으로 다 된 것은 아니다. 중도에서 난관에 부딪쳤을 때, 그 일을 훌륭히 마치도록 끝까지 밀고 나가야 한다. 여기 당신이 시작한 일을 성공적으로 마치는 데 도움이 될 몇 가지 사항이 있다.

- 당신의 일에 진지하게 관심을 가져라. 관심과 하고자 하는 의욕은 쌍둥이처럼 하나가 되어야 한다. 그리고 더 많은 정보를 모으라. 어떤 일에 대해 더 많이 알면 알수록 그 일에 깊이 몰두할 수 있다.
- 당신의 일이 이루어졌을 때, 그 만족감을 생각하라. 담배를 끊었을 때의 그 산뜻한 느낌이나 또 절약될 돈을 생각하라. 당신이 얻게 될 더 좋은 직장을 생각해 보라. 그리고 승진을 했을 때의 당신의 행복한 삶을 기억하라.
- 어떤 일을 끝마쳐야할 날짜를 정하고 그것에 도전하라.
- 불필요한 간섭이나 신경 쓰는 것에서 벗어나라.
- 도움이 될 수 있는 사람과 그 일에 동참하라. 누군가와 함께 일을 하면 당신 혼자 하는 것보다 훨씬 효과적일 수 있다.

내가 대학원에 다닐 때 학습의욕을 높이기 위해 여럿이 혹은 둘이서 함께 공부하곤 했는데 우리는 그것을 「협조와 졸업」이라고 불렀다. 중요한 것은 서로가 도움이 될 수 있어야 한다는 것이다. 두 그룹으로 나누어 연구함으로써 서로 다른 그룹에 도움을 주는 방법도 있을 것이다.

기억력을 향상시켜라

가장 소중한 시간과 에너지, 그것을 절약하는 도구는 바로 기억력이다. 기억력이 없이는 온갖 지식은 모두 쓸모가 없다. 그렇지 않다면 우리는 어떤 일을 할 때, 매번 전혀 새로운것인양 그것에 대응해야만 할 것이다.

우리는 「기억력」을 이용하여 걷는 법, 말하는 법, 문제를 해결하는 법, 읽는 법 등 여러 가지 것들을 배운다. 「기억력」의 능력은 기적과도 같다. 당신은 2파운드 정도의 머리에 오늘날 가장 진보된 컴퓨터보다 더 많은 정보를 입력시킬 수 있다.

그러나 여기서 정보를 저장하는 것과 정보를 기억하는 것은 차이가 있다는 것을 알아야 한다. 이것이 컴퓨터의 뛰어난 점이다. 우리 대부분은 정보를 저장하고 다시 상기하는 능력을 향상시킬 수 있다. 이를 위해서는 먼저 기억력이 어떻게 작용하는가, 그 기억력의 원리를 이해해야 한다.

당신의 기억력은 물건이 아니다. 기억력은 당신의 능력을 나타낸다. 기억은 보거나, 느끼거나, 조사하거나, 무게를 달 수 없다. 기억력은 다음 세 가지 단계로 나누어진다.

① 기억하는 것 : 정보를 저장하는 단계
② 기록하는 것 : 필요할 때까지 두뇌에 저장하는 단계
③ 다시 생각나게 하는 것 : 필요할 때 그 자료를 끄집어내는 단계

이 마지막 단계는 우리가 당면한 가장 큰 문제이다. 당신은 「생각 날듯 말듯 한데」라는 말을 얼마나 자주 사용하고 있는가?

우리는 뇌에 입력시킨 그 정보를 기억해 내기 위해서 그 어떤 일도 할 수 없다. 그러나 어떻게 그 정보를 기록시키느냐에 따라 판도가 달라진다. 즉 기록 방법을 수정함으로써 기억력을 향상시킬

수 있는 것이다. 여기 기억력을 최대한 이용하는데 도움이 되는 몇
가지 지침이 있다.

- 당신이 쉬고 있을 때 두뇌가 그 일을 기억하게 하라. 만약 피로
  할 때 기억하려고 애쓴다면 오히려 좌절감만 느끼게 될 것이다.
- 어떤 것을 기억하기 전에 먼저 할 일이 있다. 그것은 기억해야
  할 것을 편리하게 세부적으로 나누는 것이다. 예컨대 당신이 20
  여개 국가의 수도를 기억하려 한다면 그것을 다섯, 여섯 그룹으
  로 나누든지 두 그룹으로 나누라.
- 기억해야 할 것을 여러번 반복해서 생각하라. 그것을 쓰는 것도
  도움이 된다.
- 기억해야 할 것을 여러 시기로 나누어 잊지 않게 하라. 확실히
  기억하기 위하여 예전에 외워두었던 것을 다시 살펴 보라.
- 기억하려는 것들을 이미 당신 기억 속에 확고히 자리잡은 다른
  것들과 관련시킨다. 거기에는 낯익은 아이디어나 어떤 상징을 이
  용할 수도 있다.

당신은 이탈리아 지도를 쉽게 기억 할 것이다. 이탈리아의 지도
는 장화처럼 생겼기 때문이다. 당신은 유고슬라비아에 대해서도 그
와 같은 식으로 기억할 수 있겠는가?

- 기억해야 할 것들을 어떤 공식이나 암호문으로 배열하면 보다
  효과적이다. 예를 들어 광고학 교사는 주위를 불러일으키고, 관
  심을 끌고, 욕구를 불러일으키고, 행동화하는 것에 대해서 AIDA
  라는 약자를 이용한다.

또 조사, 물음, 읽는 것, 재인용, 검토를 표시하는 다섯 단계의 연
구 방식을 SQ3R의 약자로 표시한다.

- 기억하는데는 기다리는 시간 같은 여분의 시간을 이용하라. 당신
  의 주머니에 항상 카드를 넣어 가지고 다니면서 꺼내 보라.

나는 보다 효과적으로 기억하기 위해 앞에서의 모든 방법을 활용

했다. 나는 박사 학위를 취득하기 위해서 두 가지(불어와 독일어)외국어를 영어로 번역하는 시험이 통과해야 했다. 그러나 전혀 관심이 없었던 독일어는 거의 백지 상태였었고, 조금 안다고 하는 불어역시 이름을 쓰거나 거리의 표지를 읽는 정도에 불과했다. 그럼에도 불구하고 기적과도 같이 6주만에 두 어학 시험에 모두 통과했다.

나는 우선 적당한 단어장과 독해력 책을 샀다. 그리고 매일 그책을 한 시간씩 읽고 30개의 단어를 외웠다. 물론 새 단어를 암기하기 전에 기억을 확실히 하기 위해서 전에 암기한 단어들을 다시생각해내곤 했다. 5주 후 끝날 즈음 천 개의 단어를 외웠고 독해력도 꽤 향상되었다. 마지막 1주일을 검토를 위해 보냈다.

마침내 나는 두 어학 시험에 합격했다.

당신은 「기억술」이라고 하는 기억 보조방식을 아는가? 그 누구도 적절한 훈련만 받게 되면 뒤섞인 카드를 보고 순서대로 그것을기억하기도하고 많은 사람들의 이름을 즉석에서 기억하거나 100사람 이상의 전화 번호를 기억할 수 있다.

만약 당신이 보다 뛰어난 기억력을 위해, 그에 대한 정보를 원한다면 거기에 관한 좋은 책들이 여러 가지 있다.

예를 들면 케네스 히비 박사의 저서 ≪당신의 기억≫을 들 수 있다.

■ 사소한 일들은 한데 묶는다

　우리들 주위에는 가까운 시일 내에 처리해야 할 사소한 일이 많이 있다. 예컨대 청구서의 돈을 지출한다든지 심부름을 하고, 정원을 다듬으며, 그리고 사소한 수리를 비롯하여 전화를 거는 일 등 참으로 많다. 대개 이런 일들은 대강 처리하곤 하는데 그럼으로써 일은 더 복잡해지기 마련이다.

　사소한 일들이 다른 큰 일의 효과를 감소시키는 것을 막기 위해서는 그것들을 한데 묶어서 한꺼번에 처리해야 한다. 즉 여러 가지 심부름을 해야 할 경우 그것을 한데 모아서 하라. 식료품점, 은행, 세탁장에 가는 일들을 한꺼번에 처리하는 것이다.

　또 가정의 잡다한 일들도 가능한 여러 가지를 한꺼번에 한데 모아서 하라. 그리고 청구서를 모아 두었다가 은행에 갈 날을 정해서 모두 한꺼번에 처리하라. 아마도 당신의 중요한 목표를 달성하는 데 있어서 그것이 특별히 효율적이라 믿을 것이다. 그 사소한 일들로 인해 신경이 다른 곳으로 쏠리면 생의 중요한 목표를 소홀히 할 우려가 있으므로 주의하라.

문제해결의 방법

이제 당신은 계획과 목표 설정이 기본적으로 의사 결정의 한 과정임을 알 것이다. 어떤 결정을 내린다는 것은 곧 문제의 해결을 의미한다. 어떤 문제에 대해 어떻게 접근할 것인가를 정하는 것은 문제 해결의 실마리가 된다. 거기에 따른 몇 가지 일반적인 지침을 살펴 보라. 이것은 성공으로 가는 길에 숨어 있는 장애물을 보다 쉽게 극복하게 해 준다.

문제를 복잡하게 만들지 말라

우리는 달나라 여행을 하고, 전자 두뇌와 핵이라는 복잡한 기술 시대에 살고 있다. 그 복잡성은 이제 당연한 것이 되어 우리 곁으로다가 왔다. 아니 어쩌면 생애 모든 면에서 복잡한 것을 우리 스스로 기대하고 있는지도 모른다.

우리 사회는 「어떤 것도 더 이상 간단하지 않다」 는 것이 불문율화 되어 있다 그래서 어떤 문제를 해결하는 방법에 있어서 간단한 것과 복잡한 것을 선택해야 할 때, 우리 중 많은 이들이 후자를 선택한다.

당신이 어떤 문제를 해결해야 할 때 단순하고 만족스러운 방법을 먼저 찾아라. 전구 하나를 갈아 끼우는 데 다섯 사람이 모여 한 사람은 전구를 들고 네 사람은 사다리 위의 그 사람을 받치고 있다면 얼마나 우스꽝스러운 일인가? 단순한 해결 방법은 많은 시간을 절약하게 할 것이다.

창의력을 가지고 문제에 접근한다.

흔히 어떤 문제를 해결하는 데 있어서, 문제를 바라보는 특별한 방법에 완전히 사로잡혀 있음으로 해서 창의력이 방해를 받게 된다.

한 트럭이 지하도에 빠졌다. 한 팀의 기사들이 그 트럭을 꺼내는 방법을 결정하기 위해서 급히 달려왔다. 그들은 직업의식을 발휘, 기술적인 접근 방법으로써 문제를 해결하고자 했다. 그래서 일련의 복잡한 계산을 하기 시작했다. 그 때 옆에 서 있던 소녀가 기사 중의 한 사람에게 이렇게 물었다.

『여보세요. 왜 아저씨들은 타이어에 바람을 빼지 않아요?』

문제는 즉시 해결되었다. 어떤 문제를 해결해야 할 때, 그 다양한 시각에 따라서 해결 방법의 가능성은 더 커진다.

광고의 천재인 엘렉스 F.오스본은 당신의 창의력을 향상시키기 위한 새로운 아이디어의 점검표를 제시하고 있다. 당신이 어떤 문제에 직면했을 때, 이 점검표는 많은 도움을 줄 것이다.

• 수정 가능성이 있는가?
  - 첨가해야 할 것
  - 더 많은 시간, 더 자주
  - 더 강하게, 더 높게, 더 두껍게
  - 이중으로, 또는 몇 배로
• 최소한의 가능성은 있는가?
  - 빼야 할 것
  - 보다 적게, 간결하게
  - 생략, 간소화, 분리
  - 보다 낮게, 보다 짧게, 보다 가볍게
• 대체의 가능성은 있는가?
  - 다른 과정, 요소, 자료

-다른 장소, 접근 방법, 또는 접근 형태
• 재배열의 가능성은 있는가?
　　-교환 요소, 다른 계획, 형태, 배치, 기간
　　-다른 사람
• 전환의 가능성은 있는가?
　　-긍정적인가, 부정적인가
　　-반대로 해본다, 뒤로 또는 위 아래로 바꾸어 본다.
　　-전환의 역할
• 결함의 가능성은 있는가?
　　-이점, 목적, 아이디어, 접근 방법
• 다른 이점의 가능성은 있는가?
　　-새로운 이용 방법
　　-수정되었을 때의 다른 이점
　　-그 밖의 다른 이점
　　윌리암 제임스가 한 번은 이렇게 말했다.
「천재는 남다른 방법으로 어떤 것을 느낄 수 있는 능력을 가졌을 뿐이다.」
　　당신이 오스본의 점검표를 두뇌 계발이나 또 다른 방법에 이용하든 이용하지 않든 그 표는 일반적으로 여러 가지 것을 다른 관점에서 보게 한다.

긴급함과 중요함의 차이점

　　아이젠하워(Dwight David Eisenhower)가 대통령으로 선출된 뒤, 그는 긴급하고 중요한 문제에 관심을 쏟도록 그의 행정부를 개편하고자 했다. 그리고 그 밖의 일들은 그 밑의 관리에게 넘기려고 했다. 그러나 그는 긴급한 것과 중요한 것이 동시에 일어나지 않는다는 것을 알았다.

이런 일은 우리의 생활에서도 마찬가지이다. 중요한 일은 거의 긴급하지 않고, 긴급한 것은 중요하지 않다. 당신이 누군가와 약속을 했는데 그만 시간이 늦어 버렸다. 그 때 바람 빠진 타이어를 긴급히 수선해야 하는 일에 앞서 자동차 보험료를 지불해야 하는가를 생각하는 것은 어리석은 일이다.

우리들 중 많은 사람들이 「긴급」이라고 하는 횡포에 억눌려 성급하게 삶을 살고 있다는 것은 분명 불행한 일이다. 우리는 보다 더 긴급한 일을 무시하고 생애 더 중요한 일까지도 무시하며, 결국 형편없는 결과를 만들어 낸다.

당신이 해결해야 할 많은 문제에 직면했을 때 우선 중요한 문제가 무엇인가를 자문해 보라. 그래서 그 문제들을 맨 위에 두어라. 만약 당신이 긴급함이라는 횡포에 사로잡혀 있다면 위기는 계속해서 닥칠 것이다.

당신은 아주 활동적이어서 주위에서 가장 부지런한 사람일지도 모른다. 그러나 어느 날 모래 위에 집을 짓고 있는 당신을 보게 될 것이다.

잠재적인 가능성을 예측한다.

최선의 약은 예방이다. 당신이 어떤 병에 걸리어 그 병을 치료하는데만 관심을 두어서는 안 된다. 먼저 건강을 유지하기 위한 예방책을 세워야 한다. 따라서 충분한 휴식, 적당한 영양 관리, 운동, 뇌염 예방 접종 등을 허술히 여겨서는 안 된다.

일반적인 문제 해결은 흔히 같은 방법으로 이루어지기 마련이다. 만약 미래에 다가올 위험을 예측하고, 방지하며 그 조치를 취한다면 당신은 시간을 현명하게 쓰는 것이다. 어떠한 일이라도 위험 수준에 이르면 경보가 울리기 마련이다. 이런 예측이나 예방책은 위기에 대처하는 그 시간을 당신의 목표 달성에 쓰게 할 것이다.

잠재의식을 활용한다.

중요한 문제를 해결하는 어떤 능력은 우리의 의식 수준 밖에 있을 수 있다. 우리들은 흔히 단순한 문제 해결에도 많은 수고를 한다. 항상 해답을 아주 어렵게 찾는데 습관이 되어 있기 때문이다. 어떤 문제 해결을 하는데 있어서 생기는 걱정과 긴장은 창의력을 약화시키고 시간을 낭비하게 한다.

내가 대학원에 처음 갔을 때였다. 박사 논문 주제를 무엇으로 할 것 인가로 고민을 했는데, 사실 적어도 2년 동안은 그럴 필요가 없었다. 그럼에도 불구하고 그런 시험을 치른 경험이 없었기 때문에 박사 논문에 대한 생각으로 가득 차 있었다 학위 과정이나 시험에 대한 생각은 안중에도 없었다. 그러한 일은 늘 해왔던 일이므로 잘 할 수 있다고 확신했던 것이다.

내가 박사 논문에 대해 압박감을 받으면 받을수록 걱정은 더 깊어졌다. 그러면서도 여전히 그 주제는 정해지지 않았다. 나는 이 문제를 교수님께 말씀드렸다. 그랬더니 그분은 그 문제는 잊어버리고 당면한 일에 집중하라고 말했다.

『자네의 그 문제는 잠재의식에 맡기게. 그래서 잠재의식이 자네에게 활용되도록 하게. 자네가 논문의 주제를 정하고자 하는 어느 날, 잠재의식을 통해 그것이 떠오를 것일세. 대부분 중요한 일은 잠재의식 수준에서 이루어짐을 명심하게.』

나는 그분의 충고를 받아들였다. 그 후 6개월이 지났는데 논문 제목이 불현듯 떠올랐다. 잠재의식의 가치는 대학원에서 배운 가장 큰 교훈 중의 하나였다.

순간을 지배하는 사람이 인생을
지배한다.

W.에센바흐

3. 시간 관리의 8대 원리

시간을 관리하는 기술을 터득하라
시간관리 9대 비결

독자에게 드리는 질문

당신은 체계적인 삶을 살겠다는 의지를 가지고 있는가? 지금까지 시간을 많이 낭비했다고 생각하지는 않는가? 당신은 정해진 시간 내에 할 일을 다 못했다는 사실을 알고 당황하거나 실망한 일은 없었는가?

공부할 준비를 하는데만 너무나 많은 시간을 낭비해 버렸기 때문에 정작 시험에 떨어지지는 않았는가?

회사에서 너무나 바빠서 동료와의 관계를 유지하기 위한 시간을 내지 못한 것은 아닌가?

시간을 관리하는 기술을 터득하라

　당신이 성공적인 삶을 누리고자 한다면, 시간을 관리하는 기술을 터득해야 한다. 많은 사람들이 삶의 목표를 달성하지 못하는 것은 시간을 효율적이고 능률적으로 관리하지 못했기 때문이다. 이와 반대로 삶의 목표를 달성하여 성공적인 삶을 사는 사람들은 시간관리의 요령을 터득했기 때문이다.

　「그 사람들은 어떻게 그런 일을 하지?」

　「그 사람은 어떻게 그런 시간이 있지?」

　성공한 사람들의 높은 실적을 보고 놀라서 하는 말이다.

　이제 당신에게 기술적으로 시간을 관리하는 간단한 방법을 몇 가지 제시하겠다.

시간관리 9대 비결

　<제 1 비결>

　시간을 금이나 생명처럼 귀중하게 여겨라.

　이 9가지 시간관리 비결을 실천하고 못하고에 따라 당신의 인생도 성공이냐 혹은 실패냐가 판가름 난다.

　당신은 가치가 낮다고 생각하여 낭비해 버리는 경향이 있지만, 성공한 모든 사람들은 시간이 돈이라는 진리를 알고 있다.

　시간이란 유용하게 투자될 수 있으며, 어리석게 낭비될 수도 있는 것이다. 적절하게 투자한 시간은 보다 높은 업적을 이루는 아이디어를 창조해 내며, 계획안을 짜고, 문제를 연구하고, 지식과 정보와 경험을 습득하게 해준다.

만일 당신이 낭비한 시간에 세금을 지불해야만 했다면 당신은 시간을 좀더 귀중하게 여겼을 것이다. 만일 당신이 삶(生)을 돈을 주고 사야만 된다면 우리들은 시간을 좀 더 나은 방법으로 사용하였을지도 모른다. 그러나 시간은 아무런 요구도 없이 우리들에게 전혀 공짜로 주어진 것 같다.

지나치게 많은 것처럼 보일 때 우리들은 그 물건을 낮게 평가하고, 따라서 그것들을 낭비하는 경향이 있다. 많은 사람들이 자신들은 영원히 살 것처럼 생각하고 있으므로, 이 세상을 떠나기 전에 무언가 보람 있는 것을 이룰 만한 「충분한 시간」이 얼마든지 있을 것이라고 생각하고 있다. 그러다가 세월은 흘러가 버리며 세월이 흘러감에 따라 좋은 기회들도 다 지나가 버리고 마는 것이다.

매일 그 날이 마지막인 것처럼 일하라. 그렇게 되면 당신이 목적하고 있는 사업의 달성기간을 빠르게 좁혀 들어갈 수 있게 된다. 또한 그렇게 함으로서 당신의 에너지 공급도 놀라울 정도로 향상될 것이다. 강한 절박감이야말로 가장 큰 정력의 활력소가 되고 있다.

당신은, 사람을 아끼며 바쁘게 움직이고 있는 사람들은 육체적 힘이 넘쳐흐르는 것처럼 보이는 반면 시간을 낭비하며 느리게 움직이고 있는 사람들은 항상 정력부족으로 보이는 것을 주의해 본 적이 있는가? 빠르게 일을 진척시키고 사업을 추진해 나가고 있는 긍정적 사고주의자들은 고성능의 사고능력을 가지고 인간의 뇌 속에 있는 정력의 샘을 자극하고 있다. 잘못 관리되고 있는 것이야말로 피로와 권태를 가져오게 되는데 이것은 처음에는 정신에, 다음에는 육체로 옮아간다.

그러므로 당신은 금이나 생명 자체를 귀중히 여기듯이 시간을 귀중하게 여기라.

<제 2 비결>

시간을 계산하는 습관을 갖도록 하라

모든 사업체들은 돈을 귀중히 여기고 있으며 그 돈이 어떻게 쓰였는가를 잘 기록해 둔다. 그렇지만 당신에게 있어선 시간보다 더 중요하고 귀중한 것은 없다. 그런데 당신은 지금까지 시간을 어떻게 소모하고 있는지 자세히 계산해 본 적이 있는가?

사람들이 「내게는 시간이 없다」라고 하는 말의 참뜻은 「나는 시간이 있다」라고 하는 말로 생각되지 않는가? 만일 그들이 면밀하게 시간을 계산해 두었더라면, 그만 한 시간쯤은 충분히 만들어 낼 수 있었을 것이다.

당신의 시간 지출을 분석해 보라. 노트에다 한 달 동안의 기록을 정확하게 표시해 보라. 면밀하게 따져보라. 당신은 엄청난 사실을 발견하고 놀라게 될 것이다. 그런 다음에야 당신은 현재 생활의 시간문제를 이해하기 시작할 것이다.

시간 문제란 한 세기 전보다 지금이 더 큰 문제로 대두하고 있다는 점을 관찰해 보면 알 수 있다. 이상하다고 생각되지 않는가? 오늘날엔 빠른 통신수단과 시간절약 기구들이 발명되어 있는데도 말이다. 그렇지만 당신이 소비하고 있는 시간을 모두 계산해 본다면 왜 이같은 기이한 현상이 빚어지고 있는가를 깨닫게 될 것이다.

<제 3 비결>

시간 예산안을 짜라

당신은 이제 자신이 어떻게 시간을 보내고 있는가를 알았을 것이다. 또 하루는 정확하게 몇 시간으로 한정되어 있는 것도 깨달았을 것이다.

시간 예산안을 편성해 보도록 하라. 그렇게 하려면 우선 계획부터 짜야 할 것이다.

당신의 하루를 계획한 후에 그 계획을 실천하도록 하라. 우리가 매일매일 계획을 세우고, 그 계획을 실천하며 살아가려고 노력할 때에도 예기치 못했던 방해가 생겨 우리들을 좌절의 구렁텅이로 몰아 넣을 때도 있다. 그 결과 우리들은 모든 것을 포기하고 아무런 계획 없이 매일 매일에 단순하게 뛰어들고 싶은 충동을 느끼게 된다.

시간 예산안에 관한 일 중에서 이보다 더 위험한 일은 없을 것이다. 자연히 계산할 수도 없을 만큼의 엄청난 시간을 손실하게 된다. 당신은 그저 전화로 오래 이야기하거나 비생산적인 일에다 시간을 허비하는 것으로 끝나고 말지도 모른다.

그러나 당신이 오늘 꼭 하고자 하는 일, 할 수 있는 일, 해야만 하는 일들을 목록을 만들어 메모지에 적어 보라. 그러면 엄청난 시간을 벌 수 있다.

제일 중요한 일을 맨 앞에 기록하라. 두 번 다시 올 수 없는 기회에다 하루의 첫 시간을 배당해 놓아라. 당신이 지금 꼭 「해야만 한다」라고 생각되는 일보다도 다른 일에 우선권이 주어질 때도 종종 있을 것이다. 당신은 지금 꼭 해야만 한다고 생각했던 일들이 사실은 좀더 기다릴 수 있는 일이란 것을 발견했을 때 아마 놀랄 것이다.

오늘의 당신의 계획을 꾸준히 밀고 나갈 수 있도록 노력하라. 당신이 하고 싶어하는 일을 우선적으로 해야 할 일보다 먼저 하고자 하는 유혹에 넘어가지 않게 훈련을 쌓아라. 당신이 하루를 계획하는 데는 강한 자제력이 필요하게 된다.

당신 자신이나 다른 사람들이 당신의 시간을 헛되이 보내게 하려고 할 때에는 「안 된다」라는 말을 준비하고 있어야 한다. 당신은 아마 전화 수화기를 뽑아 놓는다거나, 초인종 소리를 무시해야만 할 때도 있을 것이다. 친절하고, 솔직하고, 단호하게 「아니오」라고 말할 수 있는 기술을 터득하라.

<제 4 비결>

방해에 대해서 미리 예비하라

피치 못할 연기와 방해를 예상하고 시간 예정표를 짜라고 말하고 싶다. 매달 수입이 오백 달러인 사람이 예기치 못한 지출에 대한 예산안을 세워놓지 않는다면 경제적인 난관에 봉착하게 될 것은 당연한 사실이다. 시간관리도 이와 같다.

많은 사람들이 시간 관리를 제대로 못하고 있는 이유는 그들이 회피할 수 없는 긴급 사항에 대비할 만한 시간적 여유를 미리 예비해두지 않았기 때문이다.

「일찍 시작해라」 라는 단어는 시간 문제 해결에 핵심점이 되는 말이다. 즉 수선공, 배달부, 수리공들이란 정확하다고 정평이 나 있지 않는 한 늦어지는 예가 허다하므로 당신이 시간보다 앞당겨 일을 시작해 놓지 않으면 약속을 어긴다든지, 심지어는 그 때문에 당신의 육체와 정신이 악영향을 받아 감정의 폭발마저도 있게 되므로 대비할 수 있는 시간을 예정표 안에 미리 감안시켜 두는 것이 좋을 듯하다.

시간적 여유는 고속도로에서의 당신의 생명을, 학기말 고사에서의 보다 나은 성적을, 당신과 만나기로 약속한 중요 사업가들에게서의 좋은 평판을 얻어 내게 하고 있다. 그렇지만 당신이 시간적 여유를 감안해 두지 않는다면 당신의 감정을 파괴시키는 당황, 초초, 분노와 직면하게 된다.

많은 긍정적 사고주의자들은 그들이 미리 예상하고 있었던 지연마저도 고맙게 생각하고 유효 적절하게 사용하고 있으므로 보통사람들이 보기에는 거의 불가능한 것처럼 보이는 것들을 간단하게 해치운다. 그들은 오히려 지연될 시간을 위해 계획을 세우는 사람들이며 시간을 아주 유용하게 쓰는 사람들이다.

지연이란 자주 사람들에게 좋은 인상을 남기게 하는 희귀한 기회일 수도 있다. 지연이란 오히려 사람들에게 참을성 있고 이해심이 많은 사람이라는 명성을 얻어 낼 수 있는 기회 바로 그것이 될 수도 있기 때문이다.

<제 5 비결>
당신의 시간을 조심스럽게 체크해 보라

모든 시간이 다 똑같이 「중요」할 수만은 없다. 이른 아침의 한 시간은 늦은 오후의 한 시간보다 더 중요한 것이다. 봄철의 한 시간은 후덥 지근한 여름철 한 시간보다 훨씬 더 귀중하다. 월요일의 한 시간은 대개 일의 능률이 오르지 않는데 반해, 수요일의 한 시간은 최고도로 활력과 정력이 흘러 넘치는 시간일 것이다.

당신에게는 어느 요일의 어느 시간이 가장 좋은 시간인지 알아보도록 하라. 당신의 능률이 최고로 오를 수 있는 날, 요일, 시간을 찾아내서 가능한 한 당신에게 가장 중요한 사업을 그때 하도록 하라.

당신의 시간의 비중을 체크한 다음 그에 따라 제일 좋은 시간에 가장 중요한 일을 할 수 있도록 시간표를 재조정해 놓으면 당신은 지금보다도 훨씬 많은 일을 초과달성 할 수 있을 것이다.

<제 6 비결>
자기 자극을 위한 시간적 압박감을 조성하라

일을 연기시키거나 지연시키는 유혹으로부터 자신을 보호하기 위해 본인 자신만의 압박조직체를 만들어 보도록 하라. 당신은 계획한 일을 다른 사람들에게 공포함으로써 위에서 말한 사실을 이행할 수도 있을 것이다. 많은 사람들에게 당신의 계획을 미리 말해 놓지 않으면 당신의 그 일을 시작하지 않을 가능성이 더많기 때문이다.

본인만의 목표 달성 시간표를 작성하고, 그 시간표에 따라 행동하라. 그것이 당신이 목표한 사업을 이룰수 있도록 압박감을 조성해 줄 것이다.

별로 큰 일을 이루지 못하고 있는 사람들은 스케줄에 따른 압박감으로부터 자신을 보호하기 위해 시간표 작성하는 일을 회피하는 습관을 가지고 있다. 그러나 참 진리란 당신이 구체적인 계획을 통해 자신을 압박함으로써 모든 것이 행동으로 옮겨질 수 있다는 사실이다.

<제 7 비결>

시간이 없다는 핑계에 도전하라

당신이 바쁘다는 이유로 초대나 만남을 거절하기 전에 이유를 깊이 분석해 보도록 하라. 당신은 실제로 바쁜 것이 아니라 단순하게 바쁜 것처럼 느낄 뿐인 경우도 있을 것이다. 사실상 우리들은 우리가 정말로 하고 싶은 일을 위해서는 거의 시간을 만들고 있다.

아주 중요한 일이 당신에게 부딪치게 되면 대부분의 계획을 변경시키고, 스케줄을 바꾸고, 지금까지 굉장히 중요하다고 생각했던 활동을 중지하고 새로운 일을 맞아들인다. 그런데도 당신은 시간이 없다고 단언할 수 있겠는가? 아마 당신은 근본적으로 실패하는 것을 두려워한다 거나 아니면 지쳐있는 상태일 것이다. 그러므로 당신의 부정적 감정의 표현인 의기소침함이 당신도 모르는 사이에 「나는 할 수 없다, 너무 바쁘다.」 라고 말하게 하는 것이다.

당신이 「네」 하고 대답하고 노력해 보지 않는 한 당신은 계속 피곤하다고 느낄 것이며, 당신이 아무 것에도 흥미를 느끼지 못하는 한, 당신은 계속해서 지쳐 있을 것이라는 점을 명심해 두길 바란다.

당신이 일단 어느 일에 흥미를 느낀다는 사실은 당신이 이미 그곳에 개입되어 있다는 이야기와 같다. 그러므로 당신은 너무 바쁜

가, 아니면 너무 지쳐 있는 것인가 둘 중 어느 쪽인가를 파악해 볼 필요가 있다.

<제 8 비결>
시간절약 기구들을 조심하라

시간을 절약할 수 있는 온갖 기계가 마련되어 있는 현세대에 오히려 과거 어느 때보다도 더 많은 문제점들이 대두되고 있다는 사실을 의아하게 생각해 본 적은 없는가?

이러한 기구들을 많이 갖추고 있다고 해서 반드시 시간이 절약되는 것만은 아니라는 사실이다.

「잠깐」이라는 말을 조심하라. 전화 거는 것을 예를 들어 한번 생각해 보자. 그저 충동에 이끌린 전화가 5분 내지 10분의 대화로 길어지게 되는 수가 허다하다. 만일 당신이 꼭 걸어야 할 이유가 없기 때문에 걸지 않았다면 그 시간을 벌 수 있었을 텐데, 충동적인 기분으로 인해 판도라의 상자를 열어 놓은 것처럼 한꺼번에 쏟아져 나오는 이야기를 하게 되고 시간을 낭비되는 것이다.

시간절약 기계가 절약해 주고 있는 시간을 너무 과대평가 하지 말라. 그들은 시간을 절약해 준다기보다는 노동력을 절약해 주는 정도이다.

<제 9 비결>
생각을 크게 가짐으로써 당신의 시간도 확대된다

시간 문제는 단순히 위축된 사고력의 결과로 빚어지는 경우가 종종 있다. 우리는 모든 일들을 다 우리들의 손으로 해야 한다고만 생각하기 때문에 자신에게 맡겨진 일을 남에게 맡기는 것을 싫어하고 있다. 우리들의 일을 분담해서 잘 처리해 줄 사람을 찾기란 쉬운 일이 아니기 때문이다. 그 결과로 우리들은 문제를 지혜롭게

해결하고, 기회를 결단성 있게 붙잡고 인생을 성공적으로 살아 나
가기 위해 사색해야 할 시간이 부족할 정도로 너무 바빠지고 만다.

행운은 결코 뒤 처져서는 잡을 수 없는 것이니, 시간이 없다고
좋은 기회를 저버려선 안 된다.

4. 여분의 시간을 아껴 활용하라

시간은 누구에게나 공평하게 주어진다
미래는 결코 가불할 수 없다
여분의 시간활용이 성공을 좌우한다

독자에게 드리는 질문

당신은 하루 24시간을 100%활용하고 있는가? 여기서 필자가 말하는 「활용한다」는 말의 뜻은 그냥 사는 것만을 의미하지 않는다.

당신은 매일의 생활이 제대로 이루어지지 못하고 있다는 불안감을 가지고 있지 않은가?

당신은 사소한 것에 얽매여 가장 중요한 것을 놓치고 있지는 않는가? 의미 있고 보람 있게 그 시간을 쓰고 있다고 생각하는가?

이 글을 읽으면서 당신의 시간관리에 문제점이 없는지 검토해 보기 바란다.

시간은 누구에게나 공평하게 주어진다.

미국의 한 일간지에서 어느 부인이 1년에 85파운드로 멋지게 살수 있었다는 기사를 발표한 것을 보았다. 또「1주일에 8실링으로 사는 법」이라는 기사도 보았다. 그들은 모두 돈을 최대한 절약해서 사는 사람들이었다. 그러나 어떤 잡지에서도「24시간 활용법」에 대한 기사는 결코 보지 못했다.

시간은 돈이라고 한다. 그러나 이 속담은 본뜻을 과소평가하고 있다. 시간은 돈보다 훨씬 더 가치가 있다.

당신이 돈이 많은 재벌이라고 하자. 그러나 다른 사람들이 가진 이상의 시간을 더 살수는 없다. 단 1분도 돈으로 살수는 없다. 그 시간은 아궁이 옆에 앉아있는 고양이도 똑같이 가지고 있다.

많은 철학자들이 공간에 대해서 여러 가지 설명을 했다. 그러나 그들은 시간을 설명하지는 못했다.

시간은 풀리지 않는 모든 것의 근본이라 할 수 있다. 시간이 존재하므로 모든 것이 가능하다. 따라서 시간이 없다면 모든 것이 불가능하다. 당신에게 주어진 시간은 기적이며 놀라운 축복이다.

아침에 눈을 뜨면 우리에겐 모두「24시간」이라는 시간이 평등하게 주어진다. 그 시간은 바로 당신의 것이다. 그것은 아주 귀한 당신의 상품이다.

아무도 당신에게서 그 시간을 빼앗을 수 없다. 어떤 사람도 당신보다 더 많이 받거나 더 적게 받지 않았다.

시간에 대해서만은 독재자도 있을 수 없다. 부자건, 거지건, 지식인이건, 무식한 사람이건, 시간의 영역에는 예외가 없다.

미래는 결코 가불할 수 없다

당신은 마음대로 그 귀중한 상품을 쓸 수 있다. 그 시간은 당신이 살아있는 한 결코 없어지지 않는다.

시간은 확실한 그 무엇이다. 시간은 요일에 영향을 받지 않는다. 그러나 미래를 미리 가불할 수는 없다. 당신은 오직 현재의 시간만을 쓸 수 있다. 내일을 미리 빌어올 수 없으며, 당신을 위해서 보관되어 있을 뿐이다. 당신은 바로 1시간 뒤의 시간도 쓸 수 없다.

그것은 정말 기적과도 같은 것이다. 당신은 매일 24시간을 활용하며 산다. 그 24시간에서 행복과 재물과 성공의 변화를 찾아야 한다. 따라서 그 시간을 올바로, 그리고 효과적으로 사용한다는 것은 매우 중요한 문제이며 스릴을 느끼는 일이기도 하다. 당신이 추구하고 있는 모든 것은 바로 거기에 달려 있다.

사실 오늘날 많은 신문들이 소득을 올리는 법에 대해서는 많은 기사를 할애하면서도 「주어진 시간을 값지게 사용하는 방법」에 대해서 비중 있게 게재하지 않는 것은 참으로 의아한 일이다. 시간보다 훨씬 흔한 돈, 생각해 보면 돈은 우리 주위에 있는 가장 흔한 것이다. 돈은 이 세상 곳곳에 산재해 있다.

만약 어떤 사람이 일정한 소득으로 살 수 없다면, 그 돈을 더 벌거나 다른 방법을 강구할 것이다. 1년에 천 파운드로 살 수 없다고 하여 그의 생을 헛되이 보내는 사람은 없다. 더욱 노력하고 균형 있는 예산을 세울 것이다.

당신은 하루24시간을 활용하면서 모든 지출항목을 사전에 계획할 수 있어야 한다. 그렇지 않으면 당신의 생활은 낭비로 뒤범벅이 될 것이다. 시간은 누구에게나 똑같이 주어지고 똑같이 제한을 받는다.

여분의 시간활용이 성공을 좌우한다.

당신은 결코 지금보다 더 많은 시간을 받을 수는 없다. 그 시간은 앞으로도 변치 않을 것이다. 대부분의 성공은 여분의 시간을 활용함으로써 이루어진다. 하찮은 여분의 시간은 「부산물」에 비유될 수도 있다.

부산물은 주요 제품에서 나온다. 그렇지만 그 나름대로의 가치를 지닌다. 예를 들어서 석유 제조 과정에서는 부산물로 콜탈이 나오며, 석탄에서는 해탄이라는 부산물이 나온다. 이런 부산물들은 많은 가치를 지니고 있다.

어떤 생산공장에서도 그들 각각의 부산물이 있다. 예를 들어 아무르 씨의 거대한 정육 공장에서는 많은 부산물이 나오는데, 소시지를 생산하면서 남은 동물의 털을 이용해서 로프를 만들어 내고 있다. 만일 아무르 씨의 거대한 공장에서 털 로프나 소시지 중 어느 하나라도 생산하지 않는다면 그 공장의 연 수익에서 많은 차이가 날 것이다.

중요한 것은 바로 이것이다. 물론 모두가 이러한 생산업에 종사하는 것은 아니다. 이것은 어디까지나 비유에 지나지 않는다. 그렇지만 우리 모두는 시간의 주인들이다.

당신이 소유하고 있는 그 시간을 어떻게 활용하며, 그 시간의 부산물 즉 여분의 시간을 어떻게 활용하느냐에 성공이 좌우된다.

제각각 그 날에 꼭 해야 할 일이 있다. 사람에 따라서 글을 쓰거나 타이프를 친다. 어떤 일에 종사하든지 시간은 누구에게나 마찬가지이다.

부산물, 즉 「여분의 시간」을 당신은 어떻게 사용하고 있는가?

토마스 에디슨은 적은 월급을 받고 전기 기사로 일했다. 그러나 그는 여분의 시간을 소홀히 하지 않았다. 그는 그 시간에 연구하고 시도했다. 그리하여 마침내 여러 가지 위대한 발명을 이룩했다. 세상 사람들에게 돈으로 셀 수 없는 가치를 남겼던 것이다.

벤쟈민 프랭클린도 여유시간을 철저히 활용했다. 그는 계획을 세워서 이용했으며, 여러 가지 방법으로 여분의 시간을 유용하고 생산적으로 활용했다.

여분의 시간을 활용하는 것은 그에 따른 유익함도 있지만 정신적인 활동을 더욱 활발하게 하는 데도 의미를 찾을 수 있다. 정신은 어떤 변화를 갈망하며, 흔히 일상적인 생활에서 벗어나 남다른 일을 하고 싶어한다.

「나를 내버려 두라」는 말은 발전을 원하는 사람에게 있어서는 어리석은 말일 뿐이다. 옛 스페인 속담에 「어리석은 자가 많은 것을 찾고 있는 동안에 당신은 당신에게 있는 작은 것을 활용하라」는 말이 있다. 주어진 시간을 최대한 활용하라는 뜻이다.

그 작은 시간을 유용하게 사용함으로써 당신의 생은 더 발전적이 될 수 있다. 소홀히 한 여분의 시간, 그 소중한 부산물은 결코 돌아오지 않는다.

아침 식사 후의 30분을 당신은 어떻게 보내는가? 우선 책을 읽을 수도 있고 자신에 대해 생각하는 시간을 가질 수도 있다. 그 부산물을 최대한으로 활용하라. 반드시 당신의 성공에 촉진제가 될 것이다.

흔히 목적이 없으며, 그냥 시간을 보내기 위해서 무엇을 한다는 말을 자주 듣는다. 그것은 바로 인생 실패자의 변이다. 성공한 사람은 주어진 시간을 유익하게 활용한다.

물이 지나치게 맑으면 고기가 없고
사람이 지나치게 살피면 따르는
사람이 없다.

채근담

STEP
7

올바른 사고방식으로
사람을 대하라

대 · 인 · 관 · 계

다른 사람을 비난하는 일은
당신에게 아무런 도움이 되지는
않는다. 다른 사람을 비난하는
습성이 있다면 당신의 성공은
그만큼 늦어질 것이다.

데일 카네기

모든사람을 사랑하고 아주적은 수의
사람만을 믿으며 누구에게도 악을
행해서는 안된다.

W.셰익스피어

1. 타인에 대한 사고방식

대인관계란 메아리와 같다
남을 멸시해서는 안 된다
칭찬하라
필요를 알고 그것을 충족시켜라
고용주에게 원하는 것을 주어라
다른 사람이 필요로 하는 것을 당신이 찾아내어라
당신이 준 것이 당신 것이 된다.

독자에게 드리는 질문

당신은 당신 혼자의 힘으로 성공할 수 있다고 믿는가? 아니면 누군가의 도움이 필요하다고 생각하는가?

당신이 종사하는 분야에 따라 혼자의 힘으로 성공할 수도 있고, 다른 사람의 도움이 필요할 수도 있다. 그러나 성공하는 과정에서 도움의 여부를 떠나 인간은 사회적인 동물이므로 인간관계가 무엇보다도 중요하다.

대인관계에서 무엇보다 다른 사람에 대한 당신의 사고방식이 중요하다는 것을 먼저 기억하기 바란다.

대인관계란 메아리와 같다

어떤 어린 소년이 화가 나서 자기 어머니에게 「나는 어머니가 미워!」 하고 소리치고는 산으로 도망갔다. 그 소년은 그런 소리를 지른 후 매를 맞을까봐 겁이 나서 집에서 도망 나와 주위에 있는 산 위에 올라갔다. 그는 그래도 화가 풀리지 않아 산 위에서 이렇게 소리쳤다. 「나는 어머니가 미워!」 그러자 「나는 네가 미워!」 하는 메아리가 들려왔다. 그 메아리 소리에 놀란 소년은 즉시 집으로 돌아가서 산에는 자기를 밉다고 소리치는 나쁜 소년이 있다고 말했다. 그러자 그의 어머니는 그를 데리고 산 위로 올라갔다. 그리고 이렇게 외치라고 말했다. 「나는 너를 좋아한다. 나는 너를 사랑한다.」

이 이야기는 당신이 대인관계를 어떻게 해야 하는가에 대해서 잘 나타내는 재미있는 우화이다.

대인관계란 메아리와 같은 것이다. 심은 대로 거두게 된다. 당신이 다른 사람에게서 찾아내는 장점과 단점이 당신 자신에게도 있다는 사실을 잊어서는 안 된다.

대인관계에는 만고불변의 진리가 있다. 이것은 성서에 나오는 황금률이다. 즉 「무엇이든지 남에게 대접을 받고자 하는 대로 너희도 남을 대접하라. 이것이 율법이요, 선지자의 정신이니라.」

따라서 사람을 대할 때 그로부터 대접을 받고자 원하거든 먼저 그를 대접하라. 또한 사람을 만날 때마다 그의 장점과 능력을 인정하라. 그러면 그는 더 좋은 사람이 될 것이다.

📖 남을 멸시해서는 안 된다

어느 은행장의 이야기를 하나 소개하겠다. 그가 다니던 은행의 옆길 위에 날이면 날마다 앉아있는 앉은뱅이가 있었다.

지나가던 사람들이 그를 불쌍하게 생각하여 동전을 던져주었다. 이 은행장도 동전을 주었다. 그러나 은행장과 다른 사람과의 차이점은, 은행장은 동전을 주고는 그 옆에 놓여있는 볼펜을 집어 갔다는 점이다.

『자네는 장사꾼일세. 그리고 나는 자네에게 이 물건을 사는 걸세.』

그 은행장이 볼펜을 집으면서 한 말이었다.

어느 날 그 앉은뱅이 거지의 모습이 사라졌다. 세월이 얼마쯤 흐른 후, 그 은행장이 거지의 모습을 잊어버릴 때쯤, 그 앉은뱅이 거지가 다시 나타났다. 그러나 거지로 나타난 것이 아니고 그 은행 부근에 있는 공공건물의 매점 주인이 되어서 나타난 것이다. 그 거지는 은행장을 보자 반가워하면서 이렇게 말했다.

『어느 날 엔가 은행장께서 이곳에 오실 줄 믿었습니다. 제가 여기에 앉게 된 것은 은행장의 덕분이지요. 은행장께서 제게 「장사꾼」이라고 말씀해 주셨습니다. 그 순간 저는 정말로 거지가 아니라 장사꾼이 되어야겠다는 생각을 했습니다. 그래서 그때부터 볼펜, 연필, 공책 등을 가지고 다니면서 팔았습니다. 은행장께서 저에게 자존심이 무엇인가를 가르쳐 주었습니다.』

이제 당신이 다른 사람에 대해서 어떤 생각을 가지고 있는가를 살펴 보라. 결점이나 실패한 점을 바라보고 그를 멸시하지는 않는지? 아니면 남의 좋은 점, 남의 훌륭한 점을 발견하고 인정했는지?

당신 주위에 있는 다른 사람들이 날마다 쓰고 있는 가면 속에는 이러한 에피소드 속의 거지 모습이 담겨 있다. 남의 눈에는 아무리 부자인 것처럼 보여도 또 아무리 유명한 사람인 것처럼 보여도, 그 마음속에는 채워지기를 바라는 빈 부분이 있는 것이다.

그 빈 부분에 당신 자신을 약간만 부어 넣어라. 그러면 지금까지 당신 위를 스쳐 지나가 버리던 그들의 시선이 당신의 얼굴, 당신의 눈초리에 머물게 될 것이다. 당신과는 동떨어진 존재였던 사람들이 갑자기 친근한 사람이 된다. 당신이 필요했던 것, 당신이 원했던 것을 요구하지도 않았는데 온 세상이 그런 모든 것을 베풀어 주는 따뜻한 장소로 돌변한다. 사람들은 당신을 호의로 받아들인다. 사람들은 당신을 위해 무엇인가를 하게 된다.

여기에서 이야기하고자 하는 것은 타인에 대한 당신의 마음가짐이다. 다른 사람과 교제해서 성공을 거두는 첫걸음은 당신이 남을 어떻게 보는가에 있다. 남을 멸시해서는 절대 안 된다.

▨ 칭찬하라

교회에서 실시한 음악대회에 출전한 한 소녀가 있었다. 그녀의 나이는 다섯 살이었다. 그녀는 목소리가 아름다워 앞으로 성악가로서 전망이 있어 보였다.

그녀는 그 당시 음악대회에 입상한 이후부터 교회와 학교, 사회 단체에서 노래를 불렀다. 그녀는 많은 사람들로부터 칭찬을 받았다. 그래서 그녀의 부모는 그녀를 성악가로 키우기 위해 어느 유명한 음악가에게 보냈다. 그도 그녀의 가능성을 인정했다.

선생은 그녀를 가르치기로 결정했다. 그녀는 열심히 배웠다. 그런데 그 선생은 조금만 실수하거나 잘못하면 야단을 치고 비평을 하였다. 십 여 년이 지난 후 그녀는 그녀의 선생과 결혼하고 성악가도 되었으나 제 기능을 제대로 발휘하지 못하였다.

그러던 어느 날, 그녀의 선생이자 남편이 죽자 그녀는 얼마 후 프로 세일즈맨을 우연히 만나 그와 재혼하게 되었다. 그런데 그녀의 남편인 세일즈맨은 칭찬을 아끼지 않는 사람이었다. 그녀가 노래를 부를 때마다 「당신은 이 세상에서 가장 아름다운 목소리를 가지고 있지.」하고 입이 마르도록 칭찬하였다.

그때부터 그녀는 제 기능을 마음껏 발휘하여 유명한 성악가가 되었다. 그것은 오로지 그녀의 남편 덕이라고 그녀는 믿고 있다. 그녀의 남편은 칭찬을 아끼지 않았으며, 또한 진실 된 칭찬을 해주었다.

「작은 일이라도 잘한 점에 대해 잘했다고 칭찬하는 그 한마디가 그 일을 위해 노력하려는 힘에 작용되고, 그 힘을 강화시키는 역할을 하는 것은 우리들의 상상을 초월한다.」

필립 브룩스의 말이다. 또 로마 시대의 정치가이며 철학자인 키케로는 우리는 누구나 칭찬이라는 사랑스러운 말에 의해 의욕이 북돋아진다.」고 했다.

칭찬은 사람이 어떤 일을 하려는 데에 자극제가 되고 자신감을 키워주며 당신을 성장시켜 준다.

인간은 일생동안 처벌을 피하며 상을 받기 위해 살아간다고 한다. 칭찬이야말로 인간이 찾고자 하는 것이며 그것을 획득하기 위해서 일하는 것이다. 칭찬은 인간의 행동양식을 형성해 주고 자극이 되어준다. 그러므로 칭찬을 아껴서는 안 된다.

칭찬을 할 때 당신이 유의할 것이 있다. 성실하게 칭찬해야 한다는 사실이다. 거짓으로 하는 아첨은 오히려 역효과이다. 성실하다는 말은 속에 감춰진 진실 된 장점을 발견하는 것을 뜻한다. 진실로 그렇게 하려고 마음 먹으면 반드시 장점은 발견되는 법이다.

그 다음으로 구체적으로 지적해야 한다는 점이다. 「그저 좋은 사람이다」라든가,「훌륭하다」는 것으로 부족하다. 그 칭찬의 증거가 될만한 구체적인 사실을 들어야 한다.

마지막으로 당신은 사람을 칭찬하는 것이 아니라 사람이 한 일을 칭찬해야 한다. 그 편이 상대방도 더 기쁜 법이다. 또 그렇게 하면 상대방이 당혹해 하지도 않을 것이다.

항상 남의 장점을 발견하여 칭찬하는 사람이 되어 보라. 그러면 당신 인생도 변할 것이다.

필요를 알고 그것을 충족시켜라

어떤 사람이 천국과 지옥을 다 구경할 기회가 있었다. 마귀가 먼저 지옥을 구경시켜 주었다. 지옥에 있는 사람들이 그때 마침 만찬 테이블에 앉아 있었다. 테이블 위에는 맛있는 음식이 수북이 놓여 있었다.

그런데 그들의 얼굴에는 웃음이 없고, 핏기조차 없었다. 몸은 삐쩍 말라 있었다. 그들의 왼 손에는 포크가 쥐어져 있었고 오른 손에는 칼이 있었다. 그런데 포크와 칼의 길이가 120센티나 되었다. 그래서 그들은 음식을 먹을 수가 없었다. 그래도 그들은 남에게 음식을 퍼줄 줄 모르고 자기의 입에만 넣으려고 하다가 헛수고만을 되풀이 하고 있었다. 그들은 온갖 맛있는 음식을 앞에 두고 기아에 허덕이고 있었던 것이다.

그 다음 천국에 갔더니, 천국에도 지옥에서 본 것처럼 똑같은 음식, 칼, 포크가 있었다. 칼과 포크의 길이도 똑같이 120센티였다. 그러나 그곳 사람들은 즐겁게 살고 있었다. 그들은 서로 음식을 퍼먹이고 있었던 것이다. 그들은 남에게 도움을 줌으로써 자기가 원하는 도움을 받고 있었다. 그래서 여행자는 천국과 지옥의 차이를 분명히 알 수 있었다. 즉 지옥의 사람들은 자기의 배만 채울 줄 알았고, 그와 반대로 천국의 사람들은 남의 배를 채워줌으로써 자기의 배를 채우려는 사람들이었다.

대인관계도 이와 다르지 않다.

당신이 대인관계에서 먼저 상대방의 필요와 욕구를 채워주도록 하라. 그러면 그들이 당신의 필요와 욕구를 채워줄 것이다. 이것은 비단 개인과 개인에만 해당되는 것이 아니라 기업에서도 통하는 법칙이다. 여기에 한 기업이 사람들의 필요를 알고 그것을 충족시켜 성공한 예를 하나 소개하겠다.

번은 소아마비에 걸리기 전까지는 돈을 잘 벌던 미장이었다. 그에게는 세 명의 자녀가 있었다. 그는 4년 반 동안 그 병을 고치기 위해 몸부림쳤다.

그러나 번이 중병에 걸려 치료하느라고 저축한 돈은 다 없어지게 되었다. 그래서 그의 아내 라본은 직장을 구하기 위해 이곳저곳 돌아다녔다. 직장을 구한 후 그녀는 하루 10시간씩 일하며 남편과 자식들을 돌보았다.

그녀의 지극한 정성으로 남편 번이 건강을 되찾았다. 그리하여 그들 부부는 사업을 시작하여 오늘날에는 1천 개의 대리점을 운영하고 있는 사업체를 운영하고 있다.

번과 라본은 우선 그들 회사에 다니는 108명의 종업원의 필요를 알고 그것을 해결해 주었다. 그들은 그들 종업원이 모두 갖고 싶어 하는 빨간 차를 사준 것이다. 그리고 그들이 키운 사람들 중에는 회사 부사장도 있다. 그들 종업원들은 모두 자기 일처럼 열심히 일하고 있다. 라본과 번이 그들의 필요와 욕구를 채워주었기 때문이다.

그들에 의하면 그들의 회사가 사람들의 필요를 충족시켰기 때문에 날로 발전하고 있다는 것이다. 당신도 그들처럼 사람들의 필요를 알고 그것을 충족시켜 준다면 당신이 원하는 것을 가질 수 있을 것이다. 당신이 원하는 것을 먼저 갖겠다고 하는 것은 대인관계에서 제로(0)의 원리이다. 먼저 주어라.

고용주에게 원하는 것을 주어라

어느 큰 회사의 경영자는 구직하러 오는 대학졸업자10명 중 9명은 마음에 들지 않는다고 한다. 그것은 그들이 자기 애기만 하고 상대방의 애기는 조금도 화제에 올리지 않기 때문이다.

유나이티드 스트레이트 봉투 회사의 얼듀발 영업 부장은 이렇게 말했다.

「대개의 응모자들은 앉자마자 어떤 대학을 졸업했다는 것을 자랑한다. 그리고 수강한 강좌의 내용을 너절하게 나열한다. 정직하기란 이쪽에서 놀랄 정도로 천진난만하다. 나는 영업 부장이기 때문에 그들이 학교에서 어떤 일을 해왔는지는 전혀 개의할 바가 없다. 확실히 학업성적이 좋으면 그것은 그것으로 자격이 될 것이다. 그러나 사람을 고용하는 목적은 그가 회사를 위해 열심히 일해 주는 것 그것뿐이다.

그들은 왜 그것에는 생각이 미치지 못하는 것일까? 나한테 와서 상식이 풍부하다는 것을 나타내고, 회사를 위해 일하겠다는 의욕만 표시한다면 회사는 그 사람을 고용할 것이다.」

여기서도 같은 기본적인 원리가 적용되는 것이다. 즉 고용주가 원하는 것을 그려 내지 않으면 안 되는 것이다. 직업을 구하고 있다면 모든 것을 고용주의 관점에서 보는 것이 필요하다.

그런데 오늘날 근로자나 회사 직원들은 먼저 회사가 자기를 위해서 임금과 보너스를 올려주고 대우를 개선하기를 바란다. 또 고용주는 먼저 근로자가 회사 일을 위해서 헌신하고 봉사하기를 바란다. 바로 여기에 오늘 날의 노사 관계의 문제점이 있다. 문제의 해결점은 먼저 당신이 하라는 것이다. 그러면 당신이 바라는 것이 이루어 질 수 있기 때문이다.

▨ 다른 사람이 필요로 하는 것을 당신이 찾아내어라

우리는 자기 자신을 세상으로부터 숨기려 한다. 자신의 불안정, 의혹, 약점, 그리고 필요로 하는 것을 덮개로 덮어 버린다. 그리고 이렇게 말하기를 즐거워한다.

「내가 비록 그것을 부탁했다고는 하지만 당신으로부터 바라는 바를 받으리라고는 생각하지 않습니다. 나는 당신의 동정을 받고 싶지 않은 것입니다.」

우리는 자신이 바라는 것을 손에 넣기 위해 온 힘을 다해 노력하면서도 마음속에 쌓여 있는 그 소망들이 다른 사람의 눈에 띄지 않도록 그저 숨기려고만 한다.

그렇다면 왜 나는 그러한 방법에서 일부러 벗어나 스스로 고통의 길을 택하고 있는 것일까?

그것은 당신도 나와 동떨어진 사고방식을 가진 사람이 아니라고 생각되기 때문이다. 표면적으로는 어찌 되었건 그 밑에 흐르는 것은 아마도 비슷할 것이다.

당신은 다른 사람에게 필요한 존재가 되기를 원하고, 다른 사람이 당신을 원하기를 바라며, 다른 사람의 사랑을 받고 싶어한다. 당신은 누구에게나 중요한 존재가 되기를 원한다.

당신은 다른 사람으로부터 만족할 만한 평가를 받을 필요를 느끼고 있으며, 사귐의 필요를 느끼고, 그 무엇인가를 해낼 필요를 느끼고 있다. 그밖에 갖가지 내면으로부터의 욕구를 채워줄 필요를 느끼고 있다.

당신과 마찬가지로 사람들 대부분이 그다지 다를 바가 없다는 사실을 생각하길 바란다. 사람들이 필요로 하는 것을 먼저 그들에게 주면 그만큼 그들은 당신에게 당신이 필요로 하는 것을 줄 것이다.

그러면 다른 사람들은 무엇을 필요로 하고 있을까?

당신 자신을 잘 살펴 보라. 그러면 다른 사람이 필요로 하는 것을 찾아낼 수 있다. 당신이 필요로 하는 것, 그것이 바로 그들이 필요로 하는 것이기도 하기 때문이다. 당신의 마음이 가 있는 곳, 그곳이 바로 그들의 마음이 가 있는 곳이다.

▦ 당신이 준 것이 당신 것이 된다

이제 당신은 사람들이 당신을 위해 협력하게 할 수 있는 열쇠를 가지고 있다.

그것은 인생의 매우 자연스러운 존재방식과도 같다. 당신은 인생이라는 큰 바다에서 태어났으며, 다른 모든 것과 조화를 유지하는 가운데 살아간다. 다른 사람들과 함께 협조하며 서로 신뢰하고 기쁨과 만족을 나누어 가질 때에야 비로소 무슨 일이든지 최고의 수준으로 해나갈 수 있다.

그 원칙은 아주 간단하다. 당신의 개성이 어떻든 당신은 얼마든지 그들과 원만하게 관계를 유지할 수 있다. 다만 당신이 당신 자신을 남에게 주고 남들과 함께 나누기를 원한다면 얼마든지 가능하다.

어느 목사 한 분이 있었다. 그는 산악지대의 조그마한 시골 교회의 담임 목사였다. 시골 교회이므로 교인들도 얼마 되지 않았다. 따라서 헌금도 많지 않았다.

어느 일요일이었다. 6살이 된 그의 딸이 목사와 함께 예배에 참석하기 위해 교회로 갔다. 교회로 들어가기 전 문 앞에 놓인 테이블 위에 헌금 바구니가 놓여 있었다. 아버지와 딸은 그 앞을 지나가다가 아버지가 헌금 바구니에 50센트 짜리 동전 하나를 넣는 것을 딸이 보았다.

예배가 끝난 후 목사와 딸은 헌금 바구니를 들여다보았다. 그 바구니 속에는 목사가 넣은 50센트 동전 하나만 덩그렇게 놓여 있었다.

잠시 침묵이 흘렀다. 얼마 후 딸이 입을 열어 침묵을 깼다.

『아버지, 아버지가 돈을 많이 넣었더라면 더 많은 돈을 받을 수 있었을 텐데요.』

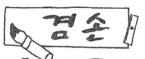

겸손

겸손은 사랑을 불러 일으킨다.
진실에서 우러나오는 겸손은
이 세상에서, 가장 사람의
마음을 이끈다.

L.N. 톨스토이

2. 다른 사람의 도움을 받으려면

잘못된 방향으로 가는 사람들
「원한다」를 「필요하다」로
단순하게, 구체적으로 부탁하라
긍정적이고 예의바르게 행동한다
협조를 부탁 받으면 누구나 도와준다
중대한 결심을 하게 하려면 우선 작은 것부터
주는 것만큼 받는다

독자에게 드리는 질문

이제 당신은 다른 사람들이 당신을 이끌어 주도록 하는 방법을 배워야 한다. 다른 사람으로 하여금 당신을 격려하며 성공하도록 도와주게 하는 방법을 배워야 한다.

다른 사람들이 어떤 부담 없이 스스로 당신을 돕는 방법을 알고 있는가?

당신은 다른 사람들을 어떻게 부리고 있는가?

당신은 당신이 필요할 때는 언제든지 다른 사람의 도움을 받을 수 있는가? 당신을 도와줄 수 있는 사람이 당신 주위에 얼마나 있는가?

잘못된 방향으로 가는 사람들

당신에게는 생에 많은 기회가 있다. 그런데 어째서 원하는 곳으로 가지 못하고 원하는 것을 갖지 못하는가? 아마도 가는 길에 어떤 방해물이나 장애가 있기 때문일 것이다.

사람들은 두 길 중에서 한 길을 선택한다. 자신들이 원하는 길을 선택하느냐, 아니면 다른 사람들이 원하는 것을 택하느냐, 중 한 길이다.

이것은 매우 중요한 문제이다. 많은 사람들은 자신의 개인적인 욕구에 눈이 어두워서 다른 사람들의 욕구에는 관심을 두지 않는다. 그리하여 고용주는 사원들이 더욱 더 열심히 일해 주기를 바란다. 그러나 사원들이 무엇을 바라고 있는지는 잘 알지 못한다.

세일즈맨은 상품을 팔려고 하는 욕구만 있을 뿐, 고객들이 정말 원하는 것이 무엇인지를 거의 물어 보지 않는다. 고객이 「그 제품이 적합하지 않다」라고 말할까봐 걱정이 되기 때문이다.

교사는 우둔하고 답답한 아이가 보다 활발해 지기를 원하면서도 그 아이가 마음속으로 원하고 있는 것을 알려고 하지 않는다.

이외에도 모든 사람들은 다른 사람에게 자신이 원하는 것을 바랄 뿐이다. 그리고 그것이 충족되지 못하면 좌절에 빠진다.

이제 당신은 일이 어떻게 돌아가는지 짐작할 것이다. 사람들은 당신이 원하지 않는 일조차도 강요하고 있다. 그것은 자신들이 원하는 것만을 얻으려는 목적 때문이다.

사람들은 기대했던 사람으로부터 기대한 것을 얻지 못할 때 모든 것이 어둡게 보인다고 말한다.

부모들은 자녀들에 대한 기대가 어긋날 때 꾸짖으며 심하면 때리기까지 한다.

사장은 기대했던 만큼 사원들이 일해주기를 원하고 기대에 어긋나면 불평을 한다.

세일즈맨은 생각했던 고객이 반응이 없을 때 절망적인 상태에서 계속 매달린다.

교사들은 학생들의 공부에 대한 의욕을 높이고자 겁을 주고 때로는 창피도 준다. 그러나 소용이 없음을 알게 된다.

흔히 이혼, 가정파탄, 잦은 직장 이동, 고독 등은 다른 사람과 원만한 관계를 유지하려는 노력에 대한 큰 장애 요소들이다.

사람들이 무엇을 원하는가를 찾아라. 그리고 그들이 원하는 것을 얻도록 도와 주어라. 그러면. 당신이 원하는 것을 얻을 수 있을 것이다.

▒ 「원한다」를 「필요하다」로

'원한다'는 것과 '필요하다'는 것은 차이가 있다. '원한다'는 것은 결코 만족될 수 없는 탐욕적이고 강요적인 성격을 띠고 있다. 한 가지가 충족되면 다른 두 가지의 소원이 생기는 것이 인간이다.

그러나 필요하다는 것은 보다 현실적이다. 그 말의 뜻은 매우 강하고, 가치 있으며, 원한다는 말처럼 변덕스럽지도 않다.

• 사람들은 동정을 원한다 - 그들은 동정을 필요로 한다.
• 사람들은 부를 원한다 - 그들은 부가 실현되는 것을 필요로 한다.
• 사람들은 좋은 집을 원한다 - 그들은 좋은 교통수단과 안식처를 필요로 한다.
• 사람들은 명성을 원한다 - 그들은 안정감을 필요로 한다.
• 사람들은 권력을 원한다 - 그들은 지지를 필요로 한다.

「다른 사람이 필요로 하는 것을 주는 것만큼 그들도 내가 필요로 하는 것을 줄 것이다」라고 바꾸어 말해보라. 실제 그렇게 된다.

사람들은 실제로 무엇을 필요로 하는가? 우리가 필요로 하는 것은 무엇인가? 그것을 알기 위해서는 그것에 대해 더욱 관심을 가져야 한다. 그러면 당신은 그들이 필요로 하는 것을 찾을 수 있다.

이제부터 당신이 다른 사람의 도움을 받을 때 유의할 사항에 대해서 설명하겠다.

단순하게, 구체적으로 부탁하라

남에게 무엇인가를 부탁할 때에는 되도록 구체적이고 단순해야 한다. 그런 제안은 다른 사람이 내 마음대로 움직여 주지 않을 것이라는 당신의 불안을 일소에 해소시켜 줄 것이다.

잡동사니 물건 하나를 팔기 위해 당신 집을 찾아온 소년이 이렇게 말하면 당신은 선뜻 그 물건을 사지 않을 것이다.

『학비에 쓰려고 하는데요, 하나만 팔아주시죠.』

당신은 믿을 수 없다는 생각이 들어서 쉽게 사지 않을 것이다.

그러나 이렇게 말하면 당신은 거절하지 못할 것이다.

『우리 동네 야구팀을 운영하는데 필요한 자금을 마련하려고 하는데, 하나 사주세요.』

소년의 부탁 방법이 구체적이기 때문이다.

어떤 시가지에서 우유를 많이 팔고 있는 사람의 이야기를 들은 적이 있다.

우선 우유 배달 차를 보도 옆에 세운다. 그리고 현관을 두드리고 이렇게 인사한다고 한다.

『제 이름은 존입니다. 이 근처에서 우유를 배달하고 있습니다. 배달차를 지금 바로 옆에 두었습니다. 저는 이 거리에서 가장 맛있는 우유를 가장 멋진 서비스로 제공해 드립니다.』

물론 신규 고객의 획득 전술로서는 이 밖에도 여러 가지 효과적인 방법이 있을 것이다. 여하튼 위에서 제시한 방법은 좀 더 구체적이고 솔직했다는 점이다. 당신도 무엇을 부탁할 때는 구체적이고 간단하게 해야 한다.

긍정적이고 예의바르게 행동한다

다른 사람의 도움을 얻기 위해서는 우선 당신이 긍정적이어야한다. 그리고 예의바르게 해야 한다. 인내도 물론 요구된다.

첫째로 긍정적이어야 한다는 것은 속으로부터 동의의 반응을 얻고 싶다는 기대감이 있다는 것이다. 만일 당신이 상대방에 대해 적의나 비판 또는 무관심의 마음가짐으로 접한다면 당신이 상대방에게 무엇을 부탁해도 차가운 대답 밖에 돌아오지 않을 것이다.

반대로 상대를 배려해 주고 성실 또는 우정으로 대할 때 당신들의 관계는 조만간 따뜻해 질 것이다.

둘째로, 예의가 있어야 한다. 「제발 ~하여 주십시오.」라든가 「감사합니다.」라는 말을 잊지 말아야 한다.

예를 들어서 물건을 사고 계산대로 가 당신이 돈을 냈을 때 담당직원이 「감사합니다」라는 말을 하지 않으면 당신은 기분이 좋지 않을 것이다.

「부디 ~」라든가, 「감사합니다.」하는 말은 마치 탄산 음료수의 병마개와 같은 역할을 한다. 그 마개가 벗겨지는 순간 그 속에 담긴 탄산음료는 거품을 내며 밖으로 쏟아져 나온다. 이 마법의 말을 많이 사용하여야 한다. 그런 말들은 많은 사람들을 보다 상쾌하게 해주기 때문이다.

또한 무엇인가를 무조건 명령하거나 복종을 강요해서는 안 된다. 그렇게 하는 것은 마치 칠판에 손톱을 세우고 괴상한 소리를 내게 하는 것과 같다. 소름이 끼치는 것과 같은 고약한 생각이 상대방 마음에 생길 것은 뻔하다. 항상 진심에서 우러나오는 말로 부탁해야 한다. 그러면 당신 주위의 인간관계는 훨씬 더 부드러워지고 깊이가 있으며 즐거운 것이 된다.

협조를 부탁 받으면 누구나 도와준다

언젠가 나는 캐나다의 캐로나라는 지방을 여행한 적이 있다. 그곳에서 친구를 만나 골프를 치기로 약속했었다. 그러나 캐로나에 도착한 나는 가방을 잃어 버렸다.

가방을 찾기 위해 항공회사 직원이 사방으로 전화를 걸어 간신히 그 골프 가방이 카르가리 공항에 있으며 세관의 정식 절차를 밟지 않으면 돌려 받을 수 없다는 사실을 알게 되었다. 나는 이내 그 공항에 있는 세관 사무실로 달려갔고 몇 가지 소정의 서류를 써야 한다는 이야기를 들었다.

나는 얼핏보기에 상당히 높은 지위에 있는 것으로 느껴지는 한 여성에게 다가가 이렇게 말했다.

『나는 지금 곤란한 문제에 처해 있습니다. 누군가의 조언을 바라는데 도와주지 않겠습니까?』

『제가 할 수 있는 일이라면 무엇이든지 하겠습니다.』

그 젊은 여성은 쾌히 승낙했다.

나는 자세히 설명했다. 캐로나에 골프를 하러 왔다는 점, 그 약속은 내일이라는 점등을 말했다.

그리고 이렇게 덧붙였다.

『어떻게 도와주실 수 없을까요? 이 문제를 해결하는데 힘이 되어 주셨으면 합니다.』

그 여성은 그 자리에서 카르가리 공항에 전화를 걸었다. 그리고는 그곳 직원을 설득, 이내 카르가리 공항 관세 담당관에게 골프가방을 운반할 것과 그 담당관의 요구를 충족시켜 주고 다음 항공편에 그것을 싣도록 약속하게 했다.

모든 사람들에게는 성서에 나오는 「착한 사마리아인」과 같은 약한 자에 대한 친절한 마음이 숨어 있다. 곤란에 처한 사람을 도와준다는 것 자체가 사람들의 그와 같은 마음을 충족시키는 행위다. 따뜻한 자기만족의 느낌은 다른 사람이 「나를 도와주시오.」하는 부탁을 들어줄 때 크게 충족되는 것이다.

중대한 결심을 하게 하려면 우선 작은 것부터

사람들은 한번 「예스」라고 대답하면 계속 「예스」라고 대답한다. 이는 큰 결단보다 작은 결단에 있어서 훨씬 쉽다.

또한 사람들은 자신의 어떤 행동을 바꿈에 있어서 느닷없이 극적인 변화를 주기보다는 사소한 작은 변화가 몇 가지 겹치는 쪽을 더 잘 받아들인다. 예를 들어 당신은 집을 바꾸기를 원하는데 아내는 그렇지 않을 때 이런 방법을 쓰면 된다.

이사를 성공시키기 위해 우선 첫 단계에서 다음 일요일에는 고

칠 데가 없는지 집안을 잘 살펴보자고 제안한다. 그리고 느닷없이 「차라리 새 집으로 바꾸어 버릴까?」 등으로 비약하지 말고 조금씩 생각을 진행시켜 가며 동의를 구하면 된다.

또 다른 예도 있다.

직장에서 아침 커피 타임에 동료 직원이 당신에게 커피를 전했을 때, 당신이 거절했다고 하자.

이윽고 점심때가 되어 모두 함께 점심 식사에 초대를 받았다. 당신은 또 거절했다. 선약이 있기 때문이다.

오후에 당신은 두 가지 권유를 받는다. 저녁때 교회의 파티에 참석해 달라는 것과 토요일 저녁에는 자기 집으로 오라는 친구의 부탁을 받은 것인데 당신은 또 거절했다. 그래서 당신은 주위 사람들과의 사이에 어색한 분위기를 만들고 말았다.

그런데 그날 집으로 돌아가자 아내가 또 권유를 했다.

『여보, 오늘 외식하죠?』

그러나 당신은 또 「노」 이다. 오늘 하루 유사한 상황 아래 「노」 만 말해왔기 때문에 자연히 「노」 하고 대답하게 된다. 「거절한다」 는 「자기개념」 이 형성되었기 때문이다.

「1인치는 쉽고 1야드는 어렵다」 는 말이 있다.

작은 것에 긍정적으로 대답을 얻게 되면, 큰 것에도 「예스」 를 받기 쉬운 것이다.

용기를 가지고
　　도전 하라
　　끝까지 인내 하라

2019년 5월 25일　인쇄
2019년 5월 31일　발행

글쓰이/지그지글러 외 7 인 공저
옮긴이/김 주 영
펴낸이/김 용 성
펴낸곳/지성문화사
등 록/제5-14호 [1976.10.21.]
주 소/서울 동대문구 신설동 117-8 예일빌딩
전 화/(02) 2236-0654
펙 스/(02) 2236-0655 . 2236-2957

정 가 .14.000 원